AF602780

RECUEIL D'EDITS, DECLARATIONS, ET ARRÊTS,

CONCERNANS LA JURIDICTION des Chambres des Comptes,

AVEC

QUELQUES OBSERVATIONS, POUR servir au Procès, pendant au Conseil d'Etat du Roy, entre le Parlement, & la Chambre des Comptes de Dijon.

A PARIS,

De l'Imprimerie de GABRIEL-FRANÇOIS QUILLAU Fils, rue du Fouare, à l'Annonciation.

M. DCC. XXIV.

AVERTISSEMENT.

LE grand Procès, qui eſt actuellement pendant au Conſeil du Roy entre le Parlement, & la Chambre des Comptes de Dijon, eſt né à l'occaſion d'une conteſtation, pour la mouvance du Fief de Groſbois, qui eſt reſpectivement prétendue par Sa Majeſté, & par le Baron de Sombernon.

Chef principal du Proces entre le Parlement, et la Chambre des Comptes de Dijon.

On peut dire, que le Procureur Général de la Chambre a donné lieu à cette querelle par une conduite des plus extraordinaires. Car non content de pourſuivre en 1700, le ſieur Perreney, poſſeſſeur de la Terre de Groſbois, pour rendre à Sa Majeſté les devoirs de Fief, il fit aſſigner en même tems le feu ſieur Brulard, proprietaire de la Baronnie de Sombernon, pour voir déclarer commun avec lui l'Arrêt, qui interviendroit en cette affaire. Procédure, qu'on croit ſans exemple, & même répréhenſible; puiſqu'elle n'eſt bonne, qu'à ſuſciter des Procez au Roy de la part des Seigneurs particuliers, leſquels ſans cela ne ſongeroient peut-être pas à rien conteſter à Sa Majeſté, & lui laiſſeroient l'avantage de la poſſeſſion.

Contestation entre le Roy, & le Baron de Sombernon, pour la mouvance de la Terre de Grosbois.

Le Baron de Sombernon ayant décliné la Juriſdiction de la Chambre, comme incompétente pour juger une affaire de cette nature, il y eut un premier Jugement de la Chambre du 3 Juin 1701, qui ſans s'arrêter au déclinatoire propoſé, ordonna que les Parties viendroient plaider à huitaine.

Le ſieur de Sombernon fit à cette occaſion ſignifier une ſommation au Procureur Général de la Chambre, contenant proteſtation de la nullité de ce Jugement, & même d'en interjetter Appel.

Sur quoi la Chambre, par un autre Jugement rendu ſur les requiſitions du Procureur Général le 15 Juin ſuivant, pour les prétendus termes injurieux & de mépris énoncez en cette ſommation contre l'autorité du Roy, & la Juriſdiction de la Chambre, condamna le nommé Clemenchot, qui avoit ſigné cette ſommation comme Curateur adminiſtrant du Baron de Sombernon, en 150 liv. d'amende envers Sa Majeſté, & à raporter l'original de la ſommation, pour être biffé & rayé.

L'on ne dira rien ici des violences, dont uſa la Chambre envers Clemenchot, pour lui faire payer cette amende. Sa Majeſté en ſera ſans doute indignée. Mais cela ne regarde point les Officiers du Parlement.

Clemenchot ſe voyant traité avec cette rigueur, interjetta Appel au Parlement du Jugement de la Chambre des Comptes, qui l'avoit condamné à l'amende, & le fit recevoir par Arrêt du premier Juillet 1701.

Sur cela les Officiers de cette Chambre s'étans pourvûs au Conſeil en caſſation de l'Arrêt du Parlement, y obtinrent Arrêt le 17 Août de la même année, portant permission d'y faire assigner les Officiers de cette Compagnie aux fins de leur Requête.

Cette instance fait le sujet du chef le plus important du Procès, qui est entre les deux Compagnies. La Chambre des Comptes y soutient deux propositions, qui lui sont contestées par le Parlement. La premiere, que les Procez pour Mouvance féodale, où le Roy est interessé, sont de la competence des Chambres des Comptes. La seconde, que ses Jugemens ne sont sujets à l'Appel en aucuns cas.

Pour établir ces propositions la Chambre des Comptes a produit, & fait imprimer plusieurs Titres, qu'elle a crû lui être favorables. Mais comme elle a suprimé, ou rejetté tous ceux, qu'elle a senti lui être contraires, le Parlement a jugé à propos de les rassembler tous sans exception, afin qu'on puisse voir d'un coup d'œil le pour, & le contre, & juger de quel côté doit pancher la balance.

Quoique ces Titres soient assez clairs par eux-mêmes, cependant comme la Chambre a prétendu tirer avantage de quelques-uns, & qu'il y en a dont les dispositions ont été changées dans la suite, on a crû devoir y joindre quelques observations, soit pour en marquer les clauses essentielles, soit pour en faire voir les changemens, & en éclaircir les endroits douteux.

A l'aide de ces pieces, dont la lecture est absolument nécessaire pour l'intelligence du Procés, le Parlement se flatte d'avoir mis la justice de sa Cause dans une évidence, à laquelle il est difficile de resister. Mais avant que d'y entrer, il est bon de faire sentir par quelques réflections générales, l'usage qu'on en peut faire pour la decision du Procès.

En quoi consiste la Jurisdiction des Chambres des Comptes.

Tout le monde sçait qu'en France, de tous les Tribunaux supérieurs, il n'y a que les Parlemens, qui par l'étendue ancienne, & sans bornes de leur Juridiction, soient fondez dans le droit universel de connoître en dernier ressort de toutes les matiéres, qui n'ont pas été nommément attribuées dans la suite à d'autres Juges.

A l'égard des autres Tribunaux, ils n'ont que des attributions limitées à un certain genre d'affaires, & il ne leur est pas permis de s'ingerer dans la connoissance d'aucune autre.

Code Hnry, Liv. 11. Tit. 1. Art. 1.

Les Chambres des Comptes ne peuvent nier, qu'elle ne soient de cette espece. *Ordonnons*, portent les Ordonnances, *notre Chambre des Comptes, pour connoître, ouir & examiner, clore, affiner, juger, déterminer, & expedier, tous les comptes de nos Officiers comptables, & pour nos affaires, qui leur seront adressées.*

Cet article renferme en peu de mots toute l'étendue de la Jurisdidiction des Chambres des Comptes. Leur competence naturelle regarde la ligne de compte. Leur pouvoir extraordinaire tombe sur quelques affaires particulieres, qui leur sont adressées. Encore dans l'un & dans l'autre de ces cas, leur Arrêts sont-ils sujets à la révision avec les Commissaires du Parlement.

Elles ne connoissent pas des combats de Fief.

C'est donc à elle de montrer, que les contestations, pour Mouvances féodales prétendües par le Roy, leur ayent été specialement attribuées pour en connoître ce dernier ressort. Or bien-loin qu'elles y puissent parvenir, il est facile de montrer, que la Chambre des Comptes de

Paris n'a jamais connu, ou dû connoître de ces ſortes d'affaires ; & à l'égard de celle de Dijon, que ſi elle en a connu, ce n'a été qu'en vertu de la Juriſdiction du Domaine, qui lui a été autrefois attribuée en premiere inſtance, & à la charge de l'Appel au Parlement.

Pour en être pleinement convaincu, il faut ſe ſouvenir, que les Mouvances des Fiefs ſont un des plus beaux droits de la Couronne, & duquel nos Rois ont été les plus Jaloux, comme il ſeroit aiſé de le montrer par pluſieurs traits de notre Hiſtoire. On comprend de là, que ce droit fait une des plus nobles parties du Domaine de Sa Majeſté. Il ne ſeroit pas beſoin d'autoité, pour établir une choſe ſi évidente. Mais ſi l'on en deſire des preuves, on trouvera ci-après un paſſage de Baquet, l'Auteur le plus inſtruit, que nous ayons ſur ces ſortes de matieres, qui met formellement les Procez pour Hommages au nombre des affaires domaniales.

Les Procez, pour raison des Hommages, appartiennent aux Tresoriers.

Mais ce qui ne permet pas d'en douter, c'eſt l'Edit du mois d'Avril 1627, par lequel il plut au Roy Louis XIII. d'attribuer aux Treſoriers de France, dans toutes les Généralités du Royaume, la Juriſdiction contentieuſe de ſon Domaine. Car dans l'énumeration des matiéres de cette Juriſdiction, on y trouve compris *tous Procez, & differends pour raiſon des Hommages des Vaſſaux tenans de Sa Majeſté*. Et il y eſt dit, que cette connoiſſance leur eſt attribuée privativement à tous autres Juges, ſauf l'Appel au Parlement.

Ci-après Pag. 19.

Doù il réſulte ſans contredit deux choſes. La premiere, que les Combats de Fief, entre le Roy & les Seigneurs, ſont matieres domaniales. La ſeconde, que la connoiſſance de ces ſortes d'affaires eſt interdite à tous Juges, exceptez les Treſoriers en premiere inſtance, & le Parlement par Appel.

Que l'Edit de 1627, qui leur donne cette connoissance, n'a point été revoqué en cela.

Envain la Chambre des Comptes prétend, que l'Edit de 1627, a été révoqué en faveur de toutes les Chambres des Comptes du Royaume, & pour elle en particulier par une Déclaration du mois de Fevrier 1632, en ce qui regarde la reception des Foi & Hommages des Vaſſaux, laquelle avoit été attribuée aux Treſoriers par cet Edit. D'où elle conclut, qu'elle a auſſi la connoiſſance des conteſtations, qui ſurviennent à l'occaſion de ces réceptions, ſoit pour la Mouvance, ou autrement.

A cela pluſieurs réponſes. Quoique l'Edit de 1627, ait été révoqué pour la réception des Foi & Hommages, il ne l'a point été pour les conteſtations incidentes à ces réceptions. Cela fait deux articles ſéparez dans l'Edit. Le premier regarde ces conteſtations, & le ſecond la réception de l'Hommage. Donc la révocation de ce dernier n'influe en aucune maniere ſur le premier.

Et il n'eſt pas vrai, que l'un ſoit une conſéquence de l'autre. Car par les Ordonnances les Hommages devroient naturellement être rendûs à la perſonne du Roy, ou de Mr le Chancelier. Ce n'eſt que pour la commodité des Vaſſaux, qu'on leur a permis de faire les devoirs de Fiefs, premierement à la perſonne des Baillifs & Sénéchaux, & enſuite aux Chambres des Comptes, ou aux Bureaux des Finances. Or puiſque le Roy, ni M. le Chancelier ne ſe ſont jamais retenu la connoiſſance des conteſtations, qui naiſſent à l'occaſion des devoirs de Fiefs, faits à leurs perſonnes, il s'enſuit que les Chambres des Comptes, qui les repreſentent, n'en peuvent pas prétendre davantage.

L'on ne nie point, que les contestations sur la Mouvance ne soient une suite de la réception de l'Hommage. Mais cela ne met pas les Chambres des Comptes en droit d'en connoître. Qui doute, que le blâme des aveux & dénombremens, ne soit une suite de leur réception? Cependant les Chambres, qui les recoivent, sont obligées de renvoyer le blâme à d'autres Juges. Il en est de même de l'adjudication, & de la liquidation des droits féodaux, dûs au Roy par ses Vassaux, dont le renvoi doit être fait aux Tresoriers de France, suivant l'Arrêt du Conseil du 19 Janvier 1668, & plusieurs autres posterieurs. Ce qui prouve de plus en plus, que tout exercice de Jurisdiction contentieuse est dénié aux Chambres des Comptes, dont le pouvoir est borné au simple Acte de réception des Hommages, Aveux, & Denombremens.

Cy-après pag. 20.

Il ne faut pas s'en étonner; puisque dans la ligne de compte même, qui est proprement l'appanage des Chambres des Comptes, elles n'ont point la connoissance des Procez, qui naissent en éxécution de leurs Arrêts, comme il paroît par les Ordonnances & entr'autres par l'Edit du mois d'Avril 1630, qui fait partie de ce Recueil.

En quoi donc a été révoqué l'Edit de 1627, par les Déclarations, qu'on oppose? Pour la simple cérémonie de l'Acte, dont on vient de parler. Le reste de l'Edit est demeuré en son entier, & par consequent les contestations sur les mouvances sont de la competence seule des Tresoriers, à la charge de l'Appel au Parlement; de même que les Procez sur les blâmes des Aveux, où le Roy a interêt.

En tous cas la Chambre des Comptes ne connoitroit de ces matieres que comme avant cet Edit.

Mais supposons pour un moment la révocation entiere de l'Edit de 1627. Qu'y gagneroient les Chambres des Comptes, qui n'ont pas la Jurisdiction du Domaine? N'est-il pas dit par le Réglement fait en 1520, pour celle de Paris, *qu'en toutes causes & matiéres, où il y aura commencement de Procès formé entre quelques Parties, soit le Procureur de Sa Majesté, ou autre, celles, où il sera question des droits du Roy, & de son Domaine, seront renvoyées par la Chambre aux Conseillers du Tresor, ou Juges Ordinaires?* Ainsi, puisque les Mouvances féodales sont sans difficulté des droits du Roy, & de son Domaine, il est certain, que la Chambre des Comptes de Paris ne sçauroit s'en retenir la connoissance.

Cy-après pag. 9.

Elle pouvoit alors en connoitre, comme ayant la Jurisdiction du Domaine.

Il est vrai, que celle de Dijon a eu sur cela autrefois un privilege particulier; en ce qu'elle connoissoit du Domaine du Roy en premiere instance. Personne ne lui disputoit alors le droit, de juger en consequence les Combats de Fief, comme de sa part elle ne contestoit point au Parlement le droit, de recevoir l'Appel de ses Jugemens en ces sortes de cas. La preuve de ces faits resulte des pieces, qui sont imprimées en grand nombre dans ce Recueil.

Mais toujours a la charge de l'apel.

Que si les Tresoriers de France en la Généralité de Bourgogne lui veulent enlever aujourd'hui cette Jurisdiction, c'est une affaire, qui ne regarde point le Parlement, auquel en appartient le dernier ressort, quels qu'en soient les premiers Juges. S'il affectoit autant que la Chambre des Comptes s'en plaint, de marquer sa superiorité sur elle, il désireroit que les choses restassent sur l'ancien pied. Mais l'esprit de justice lui fait avouer, que la prétention des Tresoriers lui paroît la mieux fondée

Elle ne peut donc continuer d'en connoitre, qu'a la meme charge.

dée, depuis qu'il a plû au Roy de leur accorder la connoissance du Domaine; & l'esprit de paix lui fait dire, que c'est le moyen le plus propre, pour écarter les difficultez, qui pourroient naître entre le Parlement, & la Chambre.

Reste à examiner, si le Procureur de Sa Majesté en cette Chambre ayant fait assigner en 1700, le Baron de Sombernon pour une affaire de cette nature, ce dernier a eu tort de décliner la Jurisdiction de la Chambre; si en consequence elle a pû le debouter de son déclinatoire, & condamner à l'amende son Curateur administrant, pour avoir protesté d'appeller de ce Jugement; & si le Parlement a eû droit de sa part de recevoir l'appellation de ce Jugement.

A l'égard du déclinatoire, il étoit certainement bien fondé. Il est vrai, qu'en 1700, le Bureau des Finances de Dijon n'avoit pas encore la Jurisdiction du Domaine. Mais la connoissance en avoit néanmoins été interdite à la Chambre des Comptes par l'Edit de 1626. Et quoi qu'elle ait mal éxecuté cette disposition, comme on le verra cy-après, cela n'empêchoit pas que l'incompétence ne fût très-bien proposée par le sieur de Sombernon; puisqu'il s'agissoit d'une Mouvance contestée entre le Roy, & lui, laquelle étoit constament matiére Domaniale. Pag. 40.

DECISION CONFORME DU REGLEMENT DE 1604.

Il s'ensuit par consequent, que la Chambre a mal condamné ce déclinatoire, & encore plus mal condamné à l'amende le Curateur administrant du sieur de Sombernon, pour avoir protesté d'interjetter Appel de ce Jugement. Car par l'Article 20 du Réglement fait entre le Parlement & la Chambre des Comptes de Dijon en 1604, il est expressément porté, que dans les matieres, ausquelles ladite Chambre est appellable, les appellations, qui seront interjettées des Sentences données par ladite Chambre, sur l'incompetence, ou renvoi requis, seront jugées par Appel au Parlement. Or par l'Article 1 du même Réglement la connoissance du Domaine n'avoit été attribuée à la Chambre, qu'à la charge de l'Appel. D'où il resulte, que le sieur de Sombernon a été en droit d'appeller du deni de renvoi de la Chambre, & que le Parlement a pû pareillement recevoir l'Appel de la condamnation d'amende prononcée à ce sujet par la même Chambre. Cy-après pag. 32.

La simple exposition de ces faits, où la verité est éxactement gardée, suffiroit pour la decision du Procès, si la Chambre des Comptes, qui met toute sa ressource à l'obscurcir, n'avoit pris un parti extrême, à la faveur duquel elle a esperé d'échaper aux raisonnemens, qui la pressent.

Ce Réglement de 1604, qui a coûté tant de soins & de dépenses aux deux Compagnies, qui est dû aux lumieres supérieures du Conseil d'un grand Roy, & dont tous les Articles ont été dressez avec tant de sagesse, la Chambre des Comptes l'efface d'un seul trait. Elle ne se souvient plus qu'elle s'en est prevaluë elle-même dans tous les tems; qu'elle s'en est servie utilement en 1701, contre les Officiers des Greniers à Sel, & que même (qui le croiroit) elle en employe encore aujourd'hui l'autorité en l'un des Chefs de ce procès.

Dès qu'on le lui oppose, elle ne le connoît plus. Il est dit-elle, entierement anéanti par les Edits de 1626, & de 1630. Il faut, si l'on l'en croit, recourir aux Réglemens, qui ont été faits pour la Chambre des Comptes de Paris, & qui ne permettent pas, qu'on appelle en aucun cas de ſes Ordonnances.

Mais, ſi le Réglement de 1604 eſt anéanti, pourquoi la Chambre l'a-t-elle allegué dans tous les tems en ſa faveur? Pourquoi l'allégue-t-elle encore en ce Procès? Eſt-ce donc qu'il n'eſt révoqué, que pour le Parlement, & non pour la Chambre? Elle eſt réduite à ſoutenir cet étrange paradoxe, ou à convenir, que le ſyſtême de ſa défenſe eſt fondé ſur des propoſitions contradictoires.

V. Cy-après, pag. 40 & 42.

Ramenons la Chambre dans la voye de la raiſon. Le Réglement de 1604 a été révoqué, il eſt vrai. Mais c'eſt ſeulement, en ce qu'il étoit contraire aux Edits de 1626, & de 1630. Par le Réglement de 1604, la Chambre avoit été maintenuë en la connoiſſance du Domaine, & des Aydes en premiere inſtance. Par ces Edits au contraire l'une & l'autre de ces Juriſdictions lui fut ôtée. Il falloit donc bien révoquer le Réglement ſur ces deux Articles. C'eſt ce qui a été fait par les Edits, qu'on vient de citer. Mais il y auroit de l'abſurdité à penſer, qu'on y eût anéanti le Réglement ſur une infinité d'autres points, qui n'avoient aucun raport avec ces Edits. C'eſt ce qu'on fera voir plus en detail dans les obſervations, dont on accompagnera cy-après ces Pieces, & auſquelles il ſera bon de recourir.

Les Re'glemens ante'rieurs sont conforme.

Cy-après pag. 28. & 30.

On y montrera de plus, que quand le Réglement de 1604 ſeroit révoqué, ce ſeroit ſans aucun avantage pour la Chambre des Comptes; puiſqu'il faudroit toujours remonter aux Réglemens antérieurs, leſquels ont été faits ſur ſes propres pourſuites en 1501, & 1519. Or l'un & l'autre portent expreſſement, que les Jugemens de la Chambre ſeront ſujets à l'appel, en tous les cas, qui ne regarderont pas purement la ligne de compte; & le dernier met nommément dans ce nombre les conteſtations formées à l'occaſion des repriſes de Fief, conformément à la Déclaration de 1461, qui fut attachée ſous le contre-ſçel, pour ſervir de Loi perpetuelle aux deux Compagnies.

Sur l'instar pretendu des Chambres des Comptes de Paris, et de Dijon.

La grande objection, en laquelle la Chambre des Comptes met toute ſa confiance, qu'elle repete à chaque page de ſes écrits, & qu'elle oppoſe ſans ceſſe au Parlement, comme un moyen invincible, c'eſt qu'elle a été établie à l'inſtar de la Chambre des Comptes de Paris. D'où elle tire cette conſequence, que puiſqu'il n'eſt pas permis d'appeller au Parlement des Ordonnances de cette Chambre, depuis les Reglemens de 1520, & de 1566, il en doit être de même à ſon égard.

Pour diſſiper d'un ſeul mot cette vaine difficulté, l'on demandera à la Chambre des Comptes de Dijon, ſi au tems des Réglemens de 1501, de 1519, & 1604, elle n'etoit déja point établie à l'inſtar de celle de Paris? Si elle ne l'étoit pas, il ne lui eſt ſurvenu depuis aucun titre nouveau, qui lui donne à cet égard plus de droit, que les anciens. Et ſi elle l'étoit, comme il y a lieu de le croire, on peut dire, qu'elle a déja été condamnée trois fois, ſur les conſéquences qu'elle voudroit tirer de cet inſtar; puiſque ces trois Réglemens ont déclaré ſes Jugemens ſujets à l'appel en pluſieurs cas.

Et il ne faut pas dire, que la Chambre ait alors négligé de faire valoir cet *instar*. Car dans les préambules des Réglemens de 1501, & de 1519, il est formellement porté, que *la Chambre des Comptes de Dijon a été établie en telle & semblable autorité, prérogative, & prééminence, que celle de Paris, à l'instar de laquelle elle a été crée.*

Le même moyen fut pareillement allegué autrefois par la Chambre des Comptes de Montpellier, contre le Parlement de Toulouse, lorsque ces Compagnies plaidoient pour leur Jurisdiction. Cependant il n'empêcha pas, que par l'Arrêt, qui fut rendu entr'elles au Conseil privé en 1551, le Roy ne leur donnât pour régle, comme à la Chambre des Comptes de Bourgogne, non le Réglement de 1520, fait pour celle de Paris; mais la Déclaration de 1461, qui permettoit au Parlement de recevoir en plusieurs cas l'appel des Jugemens de la Chambre.

En quoi il semble que nos Rois ayent voulu mettre entre la Chambre des Comptes de Paris, & les autres, quelque différence, par rapport à la maniere de se pourvoir contre leurs Jugemens. Difference néanmoins, qui n'est pas aussi grande, qu'elle le paroît au premier coup d'œil; comme il est aisé de s'en convaincre, quand on veut prendre la peine d'aprofondir les choses.

En effet c'est un principe general pour la Chambre des Comptes de Paris, comme pour les autres, que toute Jurisdiction contentieuse leur est également interdite par les Ordonnances, à l'exception de ce qui s'apelle *ligne de Compte*. Et de-là vient, que par ces mêmes Ordonnances, & en dernier lieu par la Déclaration de 1461, dont on vient de parler, il étoit dit *qu'en autres matieres, que de reddition & clôture de comptes, l'Appel des Jugemens de la Chambre des Comptes de Paris seroit porté au Parlement.* V. Cy-après pag. 1. & suiv.

Il est vrai, que le Reglement de 1520, semble avoir apporté quelque changement à cette forme, en défendant au Parlement de recevoir à l'avenir directement les appellations des Jugemens de la Chambre. Ce qui depuis a été confirmé par le Reglement de 1566. Mais, si l'on y regarde de près, on verra que cet adoucissement ne regarde, que les termes, & nullement la chose. Car le Reglement de 1520, après avoir ordonné à la Chambre des Comptes de Paris, de renvoyer les matieres contentieuses, qui pourront y survenir incidemment, soit en matiere de Domaine, Aydes, ou autres, aux Juges, ausquels la connoissance en appartient, ajoute expressément, *que les appellations, qui seront interjettées des Exécuteurs des appointemens & Ordonnances de ladite Chambre, se releveront, & vuideront en ladite Cour de Parlement.* V. Cy-après pag. 5 & ce qui y a été remarqué

APPEL DES EXECUTIONS DES ARRESTS DE LA CHAMBRE DES COMPTES DE PARIS SE PORTE AU PARLEMENT.

Cette disposition, loin d'avoir jamais été révoquée, se trouve au contraire suivie d'une éxécution paisible. L'on en a rapporté des preuves authentiques, tirées de livres connus & estimez; & l'on ne doute pas que le Parlement de Paris n'en pût trouver bien davantage, si l'on s'avisoit jamais de lui contester ses droits. Cy-après p. 16. & suiv.

Quelle est donc la difference dans la forme de se pourvoir contre les Jugemens de la Chambre des Comptes de Paris, ou contre ceux des autres Chambres? La même précisement qui s'observe en France entre la maniere de se pourvoir contre les Rescrits des Papes, ou contre les autres

Jugemens Ecclesiastiques. L'on n'hésite point à recevoir directement l'Appel comme d'abus de ces derniers. Mais par égard pour les Rescrits des Papes, on ne reçoit l'Appel comme d'abus, que de leur éxécution & fulmination. Dansle fond néanmoins l'un revient à l'autre, & il n'y a en ces formules rien de different, que les mots.

Dans les preuves, qu'on a ramassées de l'usage du Parlement de Paris sur ce point, on trouve un exemple bien marqué de cette difference entre les Chambres des Comptes. Car dans des especes toutes pareilles, & où il n'y avoit que les noms des Parties à changer, le Parlement de Paris reçut directement l'appellation d'un Jugement de la Chambre des Comptes de Nantes, aulieu qu'il n'avoit reçû, que l'Appel de l'éxécution d'une Ordonnance de celle de Paris. Cela est tout à fait remarquable.

Quand donc la Chambre des Comptes de Dijon seroit égalée en tout à cette derniere, on voit qu'elle en tireroit peu de fruit. Mais envain s'est-elle flatée d'être mise au même niveau. Elle l'avoit déja demandé en 1604, & avoit produit à cet effet les Réglemens faits en 1520, & en 1566, pour la Chambre des Comptes de Paris. Il plut au Roy de l'en débouter, & de lui ordonner de se conformer aux Réglemens de 1501, & de 1519, qu'elle avoit sollicitez elle-même. Qu'elle paix pourra-t-on esperer entre les Compagnies, si celles, qui sont comdamnées, sont toujours reçûes à en revenir, & à renouveller des prétentions, proscrites autant de fois, qu'elles ont été proposées?

L'INSTAR DES CHAMBRES DES COMPTES DE PARIS, ET AUTRES NE REGARDE POINT LA JURISDICTION.

L'on ne dispute point à la Chambre des Comptes *l'instar*, dont elle fait trophée. Mais, si elle se faisoit justice, elle reconnoîtroit, que ce privilége, qui lui est commun avec toutes les autres Chambres du Royaume, ne regarde point la Jurisdiction, sur laquelle chacune d'elle a conservé ses usages particuliers.

Guidon des Finances, Part. 5. Chap. 2. pag. 541 Edit de 1631.

Ecoutons sur cela un Auteur, qui ne leur sera point suspect; puisque son ouvrage sert en quelque maniere de Code à tous les Officiers de Finance. Il parle ainsi des Chambres des Comptes des Provinces, & en particulier de celle de Dijon, qui paroît lui avoir été bien connue: *Encore qu'elles ayent été crées à l'instar de celle de Paris, néanmoins elles retiennent bien peu de Réglemens d'icelle, & use chacune à part soi de certaines pratiques de Chicaneries; comme j'ai vû en aucunes d'icelles, même en celle de Dijon, &c.*

SURTOUT QUAND ELLES ONT DES ATTRIBUTIONS PARTICULIERES.

En effet, comment accorderoit-elle ses idées, sur *l'instar* parfait, qu'elle allégue, avec les prétentions, qu'elle a toujours eûes, & qu'elle a encore, de connoître de plusieurs matieres, dont la Chambre des Comptes de Paris ne s'est jamais mêlée?

COMME CELLE DE DIJON.

Le Parlement ne demande pas, qu'on l'en croye sur sa parole. Il en prend à témoins les Officiers mêmes de la Chambre des Comptes de Dijon. Elle ne recusera pas sans doute celui de son Corps, qui pour en exalter les droits, & les prérogatives, fit imprimer, en 1640, & en 1653, un Ouvrage, intitulé: *Traité de la Chambre des Comptes de Dijon.* Voici comme en parle cet Officier.

Il est véritable, que cette Compagnie a beaucoup d'attributions particulieres, qui ne sont aux autres Chambres de Comptes de France.

L'on

L'on ne sçait pas, si elle en a en effet. Mais il est vrai, qu'elle en prétend beaucoup; & sans faire à cet égard d'autres recherches, ce seul Procès en fournit plusieurs éxemples.

Elle se dit en droit de connoître des Mouvances, & des Commises féodales, où Sa Majesté est interessée. Loin que la Chambre des Comptes de Paris en connoisse, Bacquet nous assure au contraire, que quand ces sortes d'affaires s'y sont presentées, elle en a toujours fait le renvoi à la Chambre du Tresor. Préface du Traité de la Chambre du Trésor, pag 412 Edit de 1688.

Elle se dit en possession de procéder à l'adjudication, & à la liquidation des Lods dûs au Roy. Or la connoissance en a été interdite à la Chambre des Comptes de Paris par un Arrêt du Conseil du 19 Janvier 1668, & par plusieurs autres Cy-après pag. 20.

Elle demande d'être maintenue en la possession, où elle dit être, de juger toutes les contestations, qui peuvent être formées pour l'interêt du Roy, au sujet des Aveux & Dénombremens. Est-il jamais venu en pensée à celle de Paris, de prétendre cette Juridiction ?

Elle se dit dans l'usage, de prendre des Epices des réceptions de Foy & Hommages, Aveux, & Dénombremens. La Chambre des Comptes de Paris s'est toujours piquée, de faire gratuitement cette fonction.

Elle prétend enfin procéder à la Réception des Officiers des Elections. Par quel éxemple de la Chambre des Comptes de Paris soûtiendra-t-elle une demande aussi extraordinaire ?

Pour que la Chambre des Comptes de Dijon fût parfaitement égalée à celle de Paris, au moins faudroit-il, que leurs Juridictions, fussent parfaitement pareilles. Mais, tandis que celle de Bourgogne voudra connoître de matieres, qui apartiennent aux Tresoriers de France, ou aux Juges ordinaires, à la charge de l'Appel, comment poura-t-elle espérer, d'enlever au Parlement le dernier ressort de ces sortes d'affaires?

L'on demandera peut-être, quel est donc l'effet de l'instar des Chambres des Comptes de Paris, & de Dijon, dont il est parlé dans les Titres de cette derniere? Il n'y a qu'à parcourir ces titres mêmes, pour le comprendre. Qu'on lise les Lettres Patentes des années 1527, 1630, & 1633, produites par la Chambre des Comptes de Bourgogne, on verra qu'il n'y est question, que de l'éxemption des Impôts, Aydes, Subsides, &c. & des Franchises, Honneurs, & Priviléges, dans lesquels sont compris les rangs & séances. C'est à quoi aboutit tout cet instar, dont la Chambre fait éternellement parade. Parmi les Pieces imprimées de la Chambre, pag. 14. & suiv. L'INSTAR NE REGARDE, QUE LES PRIVILE'GES

Encore sur l'Article des Rangs & Séances, y a-t-il eû une restriction, qu'on ne sçauroit passer sous silence. Car encore que les Presidens de la Chambre des Comptes de Paris soient en possession de précéder les Conseillers du Parlement, les Presidens de la Chambre des Comptes de Dijon, ayant prétendu avoir le même droit, ils en furent contradictoirement déboutez par un Arrêt du Conseil d'Etat du 24 Juillet 1675, lequel est produit au Procès, & ils y ont formellement acquiescé. Voilà donc une nouvelle limitation à l'instar, dont il s'agit. Ainsi c'est pour la quatriéme fois, qu'on a decidé, que *non omne simile idem*. LA CHAMBRE DES COMPTES DE DIJON N'A POINT E'TE' RE-GLE'E COMME CELLE DE PARIS POUR LES HONNEURS.

Que la Chambre des Comptes de Dijon ne se flatte donc plus de sa prétendue uniformité avec celle de Paris. Après tant de condamnations ſur cet article, elle devroit bien enfin ſe défaire de cette chimére, & ſe ſouvenir, que malgré la parité des Compagnies Superieures les unes avec les autres, l'uſage néanmoins y a établi une infinité de differences, qui empêchent que la reſſemblance ne ſoit parfaite.

Elle s'obstine à connoitre du Domaine.

L'uſage de la Chambre des Comptes de Paris n'a jamais été de connoître des matieres contentieuſes du Domaine. Cela même lui a été défendu par les Ordonnances. En Bourgogne au contraire la Chambre des Comptes s'eſt trouvée dans une poſſeſſion ancienne de connoître de ces ſortes d'affaires en premiere inſtance. Elle y a été maintenue par divers Réglemens. Et quoiqu'ils ayent été revoquez ſur ce point en 1626, néanmoins comme depuis ce tems juſqu'en 1703, il n'y a eu en cette Province aucuns Juges du Domaine en premiere inſtance, la Chambre s'eſt ſervie de cette occaſion, pour tâcher de conſerver cette Juridiction. Y a-t-il donc dequoi s'étonner, ſi voulant être en cela différente de la Chambre des Comptes de Paris, elle éprouve quelque différence ſur le ſort de ſes Jugemens.

V. Ce qui eſt remarqué cy-après pag. 41.

Le Parlement a toujours reçu l'Appel de ses Jugemens en fait de Mouvances, Feodales, ou de Commises.

Elle ne ſçauroit ſe plaindre, que le Parlement ait ſur ce point introduit aucune nouveauté. S'il avoit voulu produire tous les Arreſts, qu'il a rendus ſur des pareilles appellations depuis deux ſiecles, le nombre en auroit été infini.

Pour ne point trop groſſir ce Procès, on s'eſt contenté d'en raporter pluſieurs, qui ont été donnez ſur des conteſtations, pour Mouvances, ou Commiſes féodales. On les trouvera imprimez en ce Recueil.

Pag. 49, & ſuiv.

Arrest notable rendu par le Roy en son Lit de Justice.

Que peut dire la Chambre des Comptes contre ces éxemples? Que répondra-t-elle en particulier à l'Arreſt du 25 may 1564, rendu au Parlement de Dijon, le Roy y tenant ſon Lit de Juſtice, & M. le Chancelier de l'Hôpital prononçant. En prétendra-t-elle cauſe d'ignorance? On ne croira pas ſans doute, qu'une cauſe ſi éclatante, où l'un des Officiers de ſon Corps étoit Partie, & où fut intimé le Procureur de S. M. en la même Chambre, ait échapé à ſa connoiſſance. Dira-t-elle, que ce ſont des entrepriſes du Parlement? Pluſieurs de ces Arrêts ont été rendus ſur des appellations interjettées par le même Procureur de S. M. & celui de 1564, autoriſé par la préſence du Roy. D'ailleurs la Chambre des Comptes n'a jamais oſé s'en plaindre; non pas même, quand elle plaidoit ſi vivement au Conſeil contre le Parlement en l'année 1604.

Si le Parlement étoit alors bien fondé, à juger de ces ſortes d'affaires par appel des Jugemens de la Chambre, qu'eſt-il ſurvenû de nouveau, qui lui ôte ce dernier reſſort? Où ſont les Edits, les Réglemens, qui lui interdiſent la connoiſſance de ces matiéres?

S'il y en a quelques-uns au contraire, qui en privent la Chambre, tels que l'Edit de 1626, qu'elle s'abſtienne d'en connoître. C'eſt le ſeul moyen, d'empêcher ces appellations, qui la choquent. Mais parcequ'il lui plaira de prendre connoiſſance d'une matiére, qui ne lui appartient pas, faudra-t-il que le Parlement ait les mains liées, & qu'il perde un des principaux fleurons de ſa juridiction?

La Chambre peut faire saisir feodalement.

Elle oppoſe en vain, qu'inutilement auroit-elle le droit de recevoir les Foi & hommages, pour conſerver les Mouvances du Roy, ſi elle n'avoit de quoi ſe faire obéir, ſoit par la Commiſe, ſoit par la perte des fruits, ou autres peines.

La voye, qu'elle a de se faire obéir, & de conserver les droits du Roy, c'est la saisie féodale. Mais si le Vassal en interjette Appel, il doit être porté au Parlement. Cela a été jugé depuis peu & jusqu'à deux fois par des Arrêts du Conseil d'Etat des 27 Mars 1683, & 21 Octobre 1692, qu'on trouvera en ce Recueil, & qui sont de la derniere importance.

MAIS S'IL Y EN A APPEL, IL EST PORTE' AU PARLEMENT.

Pag. 70, & 71.

La Chambre y trouvera, nonseulement dequoi s'instruire des bornes de sa compétence; mais encore dequoi se consoler, si les appellations de ses Jugemens, en matiére de reprise de Fiefs, sont portées au Parlement de Dijon. Elle verra qu'il en est de même des autres Chambres du Royaume, & que cette mortification, si ç'en est véritablement une, n'est pas pour elle seule; puisque c'est le droit général du Royaume.

C'est sans fondement, que la Chambre des Comptes voudroit se prévaloir d'un Arrêt du Conseil d'Etat du 24 Fevrier 1688, qui lui renvoya la connoissance d'une contestation, formée au sujet de la Mouvance du Fief de Coulangeron, contentieuse entre Sa Majesté, & le Duc de Nevers. Comme les Tresoriers de France en Bourgogne n'avoient pas encore alors la Juridiction du Domaine, de laquelle dépendoit cette affaire, il n'est pas surprenant, que l'on l'ait renvoyée à la Chambre des Comptes; puisqu'elle avoit toujours continué de connoître de ces matiéres. Mais comme il n'est pas dit par cet Arrêt, que le renvoi lui fût fait, pour en connoître en dernier ressort, on ne voit pas quel avantage en peut tirer la Chambre.

RE'PONSE A QUELQUES ARRESTS CITEZ PAR LA CHAMBRE DES COMPTES.

V. Cy-après pag. 63, & ce qui y a été observé.

Cela sert de réponse à trois ou quatre Jugemens, qu'elle a rendus depuis 1626, sur des combats de Fief, & qu'elle a produits, pour prouver sa possession. L'on n'a jamais contesté, que depuis deux siecles & plus elle n'ait jugé de ces sortes d'affaires. Mais on lui soûtient, qu'elle n'en a jamais connu, qu'à la charge de l'Appel au Parlement; & on l'a justifié par des Titres, & des Exemples, ausquels il n'est pas possible de resister.

Pour ce qui est de la Déclaration, obtenue par surprise le 9 Decembre 1702, par la Chambre des Comptes de Dijon, ce seroit perdre du temps, que de s'y arrester; puisque par Arrêt contradictoire du Conseil du 27 Octobre 1703, il a été dit, que cette Déclaration ne pourroit nuire ni préjudicier au Parlement.

RE'PONSE A LA DE'CLARATION DE 1702.

V. Cy-après pag. 13.

L'on oppose encore mal à propos au Parlement les usages des Chambres des Comptes de Dole, & de Normandie.

ET A L'USAGE DE LA CHAMBRE DES COMPTES DE DOLE.

Sur celle de Dole, il faut faire attention, que par une attribution particuliere, elle a la juridiction du Domaine du Roy en dernier ressort. Or, tant qu'il plaira au Roy de l'y maintenir, qui doute, qu'elle n'ait le droit de juger sans Appel les Combats de Fief, où Sa Majesté est interessée ?

A l'égard de l'usage de Normandie, qu'on fonde sur l'Arrêt du Conseil d'Etat du 3 Septembre 1697, intervenu entre le Parlement, & la Chambre des Comptes de Rouen, & les Bureaux des Finances de cette Province, la Chambre des Comptes de Dijon se seroit bien passée de l'alléguer, pour autoriser sa compétence en l'affaire du sieur de Som-

ET DE CELLE DE ROUEN.

V. Cy-après pag. 68.

bernon. Car cet Arrêt, en maintenant la Chambre des Comptes de Normandie au droit, de juger les oppositions, qui sont formées à la Vérification des Aveux, restraint précisement ce droit à celles, *où Sa Majesté seule aura interêt*. D'où il s'en suit, qu'elle ne pourroit pas connoître des autres, où quelque particulier seroit interessé, telle qu'est la contestation du Baron de Sombernon, lequel dispute au Roy la Mouvance de la Terre de Grosbois. Ainsi cette Décision est sur ce point entiérement contraire aux prétentions de la Chambre des Comptes de Bourgogne.

Ce n'est pourtant pas, que le Parlement adopte en tout les dispositions de cet Arrêt. On verra dans les observations, qu'on y a jointes, qu'il a été rendu sur des considerations particuliéres, lesquelles doivent empêcher, qu'il ne soit étendu à aucune autre Chambre des Comptes du Royaume, & sur-tout à celle de Dijon, laquelle a des Réglemens, qui lui sont propres. Mais il étoit bon de faire voir, que cette derniere ne peut pas même se prévaloir des Piéces, sur lesquelles elle fonde le plus ses espérances.

Il est donc évident, que le Parlement de Bourgogne n'a point excédé son pouvoir, lorsqu'il a reçû l'Appel du Jugement rendu par la Chambre des Comptes, en l'affaire du sieur de Sombernon. Et il n'est pas moins vrai, qu'il est également bien fondé à en user de même, toutes les fois que cette Chambre s'ingérera de juger des matiéres, dont la connoissance lui est interdite.

Le Parlement a cet avantage, qu'il a pour lui les Réglemens faits pour les deux Compagnies. Il ne conclut, qu'à leur éxécution. Il ne demande aucune Loi nouvelle. Il desire même que la Chambre des Comptes, en se contenant dans les bornes, qui lui sont prescrites, & en renvoyant à d'autres Juges ce qui ne sera pas de sa compétence, ne donne jamais lieu à aucun Appel de ses Jugemens. Mais il est persuadé, que la crainte de cet Appel est la seule barriére, capable d'arrêter les entreprises d'une Compagnie, qui peut contente du lot, qu'il a plû à nos Rois de lui laisser, ne songe qu'à empiéter sur celui des autres.

Me GODEFROY, Avocat.

De l'Imprimerie de G. F. QUILLAU Fils, rue du Fouarre, à l'Annonciation.

EDITS, DECLARATIONS, ET ARRETS, Concernans la Jurisdiction, & compétence de la Chambre des Comptes de Paris.

I.

ORDONNANCE DU ROY CHARLES VI. du mois de May 1413. Art. 151.

Dans Fontanon tom. 4. p. 1332.

La Chambre des Comptes n'a point de Jurisdiction contentieuse.

ITEM, pour ce que lesdits Gens de nos Comptes au tems passé ont entreprins jurisdiction, & connoissance de cause, par forme de plaidoiries, & autres choses, qui ne concluent point directement le fait des Comptes, & avec ce ont voulu maintenir, que de leurs Sentences, Jugemens, ou appointemens on ne pouvoit, ou devoit appeller; Nous avons ordonné & ordonnons, que doresnavant nosdits Gens des Comptes, *n'entrepreignent connoissance de cause par forme, & ordre de procès, & où chée plaidoyerie*, & mesmement en choses, qui ne regardent directement fait de comptes.

Et dans les matieres de sa compétence, ses Jugemens sont sujets à révision avec les Commissaires du Parlement.

Et s'il advenoit debat pour cause de ce entre les Parties; c'est à sçavoir, que l'une d'icelles dit, l'article regarder fait de comptes, & l'autre non, lesquels debats se puissent ordonner, & déterminer sommairement & de plain par l'inspection des Comptes, & autrement, *sans plaidoyeries en forme de procès*; Nous voulons que nosdits Gens en puissent ordonner & déterminer, sans ce qu'il loise à aucun en appeller, ou réclamer. Et s'il advenoit, qu'aucun en appellât, nous ne voulons y être déferé, ou obéi par forme d'Appel. Mais se de leurs Sentences, ou Jugemens, touchans & concernans directement ledit fait de comptes, aucune Partie étoit plaintive à nous, & à notredite Cour de Parlement, aucuns des Présidens de notre Cour, appellez aucuns de nos Conseillers en icelle Cour, appellez aussi avec eux des Gens de nosdits Comptes, ouiront les Parties, & en ordonneront sommairement, & de plain, sans longue figure de procès, comme il appartiendra à faire par raison.

En tous autres cas l'appel en est reçu au Parlement.

Et est nôtre intention, & volonté, qu'au cas que contre notre dite défense lesdits *Gens de nos Comptes entreprendront autre connoissance de cause, ou jurisdiction, que par la forme que dit est, un chacun, qui se sentiroit grevé, peust appeller en notredite Cour de Parlement*, & que adjournement en cause d'Appel lui en soit sur ce baillé.

OBSERVATIONS.

Cette Ordonnance prouve manifestement, que de toute ancienneté la jurisdiction contentieuse a été interdite à la Chambre des Comptes, & que quand elle a voulu s'ingerer d'en prendre connoissance, ses Jugemens ont été déclarez sujets à l'Appel au Parlement.

Au reste ce n'est pas la premiere Ordonnance, qui ait ainsi limité la compétence des Gens des Comptes. La Déclaration du Roy Louis XI. du 5 Fevrier 1461, qui sera raportée ci-après, en rappelle une autre du Roy Charles V. qui leur défendit toute connoissance de cause, sur peine de privation de leurs Offices, & une seconde du Roy Charles VI. de l'an 1406, qui confirma la premiere.

II.

Produite par la Chambre des Comptes.

DECLARATION DU ROY CHARLES VII. *du mois de Decembre 1460.*

Déclaration de Charles VII. de 1460. portant défenses d'appeller des Jugemens de la Chambre des Comptes, sauf la révision; laquelle a été révoquée par celle de 1461. cy-après.

CHARLES par la Grace de Dieu, Roy de France, sçavoir faisons à tous presents & avenir, que comme d'ancienneté pour le bien, profit & utilité de Nous & de la conservation de nos droits de la Couronne & de la chose publique de nôtre Royaume, il ait été par nos Predecesseurs Rois de France ordonné, accoutumé & gardé, qu'en la Chambre de nos Comptes à Paris, soient & doivent être vûs & examinez, tous les Comptes & Etats des Tresoriers, Vicomtes, Receveurs, & autres gens qui se sont entremis de recettes de nos deniers & finances, à ce que aucune chose ne soit esdits comptes mis, ne employez, ou delaissez à mettre au dommage ou préjudice de Nous, & diminution de nôtre Domaine; aussi pour obvier, que l'on y mette ou employe aucunes Lettres subreptices, ou non raisonnables, pour dons, ou pour aucunes causes, qui ne soient justes & véritables, & en nôtre dite Chambre des Comptes, doivent être discutez, déterminez, clos, & affinez, les Comptes des recettes & mises faites par lesdits Tresoriers, Vicomtes, Receveurs, leurs héritiers, ayans causes, & détemteurs de leurs biens, être contraints par authorité de nos amez & feaux Gens de nosdits Comptes, à rendre & payer ce qu'ils sont trouvez devoir par lesdits Comptes, tant pour la dépense de nôtre Hôtel, comme pour les fiefs, aumônes, gages d'Officiers, & autres choses raisonnables, à eux passez & allouez en Comptes; & avec ce, *ait été ordonné, accoutumé & gardé en nôtre dite Chambre, qu'à nos Gens des Comptes appartient toute connoissance de cause*, quand aucuns font refus, ou delai de obtemperer aux Lettres de dons, remissions, ou quittances, refus, respits, ou dilations de non faire devoir de foi, hommages & feautez, bailler aveu ou dénombrement, de mettre par gens d'Eglise hors de leurs mains rentes, possessions non amorties, de non payer finance de relief, reachat, quints deniers, de gardes de Mineurs, & autres dons, & alienations d'aucuns nos Domaines en deniers, soit à toujours, à vie, ou à temps; & aussi en matiere de réunir à nôtre dit Domaine aucunes choses, qui en auroient été distraites, ou qui par révocations de nos Predecesseurs ou de Nous seroit revoqué, & y devroit être réunis; De bailler ou faire bailler à notre profit aucunes parties de nos Domaines non convenables à tenir en nôtre main à rente, à toujours, soit à vie, ou à temps, selon ce que bon semble à nosdits Gens de Comptes; de graces, ou licence, de non resider sur Offices à gages, en croissance de gages, ou pensions, en chargeant nôtre dit Domaine, ou diminuant les finances Fiscales & Royaux, en fait de dons & concessions faits par nos Predecesseurs, ou par Nous, ou par les Gens de ladite Chambre de nôtre autorité, des Officiers d'icelle Chambre, & aussi des Vicomtes, & Receveurs de nôtre dit Domaine; d'iceux Officiers muer, ou changer de lieu en autre, ou desapointer simplement, quand ils verroient être à faire selon l'exigence des cas; & avec ce, de refuser, ou obtemperer à Lettres d'amortissement, Bourgeoisies, manumissions, legitimations, & generalement de tout ce que l'on a accoutumé de dire en nôtre Royaume non vallable, s'il n'est passé & appuré par ladite Chambre de nos Comptes; Et aussi en toutes injures dites ou faites en ladite Chambre, en Jugement ou dehors, à aucuns des Gens & Officiers en icelle, mêmement en faisant & exerçant leurs Offices, sans ce que aucuns ait été, ou doivent être reçeus à appeller des appointemens, commissions, Jugements, Sentences, ou Arrêts faits & donnez ès cas des susdits, ou semblables par nosdits Gens des Comptes, *& soit cette Ordonnance & observance fondée* sur grande raison & bonne justice. Car, s'il étoit souffert que l'on appellât de nosdits Gens des Comptes, & de leurs appointements, Arrêts, ou Sentences, l'on ne pourroit avoir payement de ceux, qui ont reçeu & manié nos finances, ou leurs héritiers, & ayans causes, ou détenteurs de leurs biens, qui moult souvent & communément, par malice, ou autrement, pour dilayer, ou empêcher nôtre payement, se voudroient efforcer d'appeller de nos Gens des Comptes, & par ce ne pourroit être payée notre dépense, les gages de nos Officiers, ne les fiefs & aumosnes dûs

Nota. Le faux exposé de ces Lettres; puisque par les Edits précedens toute connoissance de cause étoit interdite aux Gens des Comptes.

ſur nos recettes, & auſſi nos œuvres, édifices & autres affaires en pourroient être empêchez & retardez, en la très grande diminution de nôtre dit Domaine en pluſieurs & maintes manieres, & s'enſuivroient irréparables inconveniens à Nous & à nôtre dit Domaine, s'il étoit permis d'appeller de noſdits Gens des Comptes, en matiere de refus, ou delai de obtemperer à aucunes Lettres de dons, ou allienations de nôtre dit Domaine, ou en aucuns des cas deſſus déclarez, ou leurs ſemblables en effet & ſubſtance; & avec ce nos Gens des Comptes en délaiſſeroient ſouvent l'exercice à leurs Offices pour aller en notre Parlement, ou ailleurs, pour la pourſuite deſdites appellations, & conviendroit que l'on portât & exhibât audit Parlement, & ailleurs, les livres, Regiſtres, Comptes, & Etats de nos Domaines & finances, qui ont accoutumé d'être gardez ſi ſecrettement au tems paſſé, que quand nos Predeceſſeurs Rois de France les vouloient voir pour aucune neceſſité, noſdits Predeceſſeurs, ou les aucuns d'eux, les alloient voir en leurs perſonnes en ladite Chambre, pour obvier aux dommages & inconvenients, qui ſe pourroient enſuivre de la révélation & portation foraine d'iceux écrits. Et de nouvel, ſi comme nous avons entendu, aucuns Receveurs, & autres, voulant par voyes obliques réſiſter, ou déroger à ladite Ordonnance ou obſervance, fondée ſur très bonnes cauſe, ou intention, & pour icelle enfraindre, ou vouloir annuller, *ſe ſoient efforcez de interjetter appellation en nôtre Cour de Parlement de cloture deſdits Comptes, & d'autres appointements faits* par noſdits Gens des Comptes, laquelle choſe eſt en nôtre très grand préjudice & dommage, Nous, ces choſes bien conſiderées, qui ſont de très mauvais exemple, & pourroient tourner à très grands inconvenients & mauvaiſes conſequences, au préjudice & dommage de nous, & de toute la choſe publique, & en très grande diminution des droits & Domaine de nôtre Couronne & Royaume, ſi remedié n'y étoit, & pour pluſieurs autres cauſes juſtes, & conſiderations, qui nous meuvent, & grandement doivent mouvoir en cette partie; voulant pourvoir aux choſes des ſuſdits, & obvier à telles entrepriſes & voyes exquiſes.

Nota. Le motif de cette Déclaration; ſçavoir que quelques Comptables avoient appellé de la clôture de leurs comptes. Ce qui en effet n'a jamais été permis, ſi ce n'eſt par la voye de la réviſion.

I.

Diſpoſitif de la Déclaration.

AVONS declaré & declarons nos Gens des Comptes, à l'exercice des faits, appointements, Jugements, Sentences & Arrêts de nôtre Chambre des Comptes, & ès dépendances, être à nous ſujets, ſans moyen & reſſort aucun en nôtre dite Cour de Parlement, ne ailleurs, & que nôtre volonté & intention eſt, que nos Gens des Comptes ayent l'audition, examination, diſcution, clôture, & affinement de tous les Comptes des Recettes & dépenſes faites, & à faire, de nos deniers, & finances, tant ordinaires, qu'extraordinaires; puiſſent ſur leſdits Comptes, & les parties ſinguliéres, contenues & déclarées en iceux, & autres nos beſognes & affaires de ladite Chambre, *mêmement en ce qui touche & regarde les cas deſſus exprimez, & contenus, & leurs ſemblables, en effet & ſubſtance*, donner appointement, Sentence, Jugement, Arrêts, executoires, tels, & tels, qu'ils verront être à faire ſelon raiſon, & les uſages, ſtiles, & Statuts de ladite Chambre, *ſans ce qu'il loiſe à aucun d'en appeller*, ne venir à l'encontre par voye, ou remede d'appellation; & ſe aucuns en ont appellé, ou appelloient doreſnavant Nous, dès maintenant irritons, annullons, & mettons à neant leſdites appellations faites & à faire; & ne voulons, qu'à icelles pourſuivre aucuns ſoient reçus, ne oüis en nôtre Chancellerie, en nôtre dit Parlement, ne ailleurs; & ce défendons très expreſſement, à nôtre amé & feal Chancelier, nos amez & feaux Gens de nôtre dit Parlement, & à tous autres Juſticiers, Officiers & Commiſſaires, preſens & avenir, ou leurs Lieutenans, & à chacun d'eux, ſi comme à lui appartiendra, que aux appellations faites & à faire de noſdits Gens des Comptes, ne à aucunes d'icelle, ils ne déferent, ne obéiſſent, ne pour icelles ne délayent, en retardant aucunement l'execution & effets des appointements, Sentences, Jugements & Arrêts de noſdits Gens des Comptes, en tout, ne en partie, pour quelconques Lettres impetrées, ou à impetrer de nous, de nôtre Chancellerie, de nôtre dit Parlement, ne d'ailleurs, ſous quelconques formes de paroles à ce contraires.

II.

Forme de la réviſion des Arrêts de la Chambre des Comptes, aux matieres de ſa

Ainçois voulons & ordonnons, ſi comme par aucuns de nos Predeceſſeurs ja pieca a été ordonné & gardé, & qu'il eſt de tems ancien, & regiſtré en nôtredite Chambre des Comptes, & au Treſor de nos Chartres, que *au cas que aucuns ſe*

competence, suivant les termes de l'Ordonnance du Roy Philippe le Long, de l'an 1319.

plaindroit devers Nous d'aucuns griefs, ou d'aucunes Sentences, qui auroient été données contre lui en ladite Chambre, que on ne donne commission, ne ne fasse l'on autres Commissaires, que de ladite Chambre; mais voulons & nous plaît, qu'on preigne deux ou trois, où quatre personnes de nôtredit Parlement, sages & suffisants, ou plus si mêtier est, selon que les cas les requerront, qui avec les Gens de notredite Chambre des Comptes soient, toutesfois que mêtier sera; & se on y trouve aucune chose, à corriger ou amander, qu'il soit fait en leur presence, pour eschiver le mal, qui s'en pourroit ensuivre, qui autrement le feroit.

III.

Mandons aussi & défendons très-expressément à notredit Chancelier, qu'il ne passe, ne scelle aucunes commissions ne ajournemens aucuns, pour complainte, que aucuns fassent des Sentences ou griefs, qu'ils voudroient maintenir contre eux avoir été faits, ou donnez ennotred. Chambre des Comptes par les Gens tenans ledit Siege en notred. Chambre,& ne donne sur ce aucune commission que d'icelleChambre, contre la teneur desdites Ordonnances. Mais si aucuns s'étoient efforcez, ou efforçoient au tems à venir, de faire ou impetrer Lettres contraires, le remette notredit Chancelier, ou fasse remettre sans aucun délai, au premier état dû, en renvoyant tout en notredite Chambre, & non ailleurs, pour en connoître & ordonner selon ce qu'il appartiendra de raison, lesdites Ordonnances gardées. Et afin que ce soit chose ferme & stable à toujours, Nous avons fait mettre notre scel à les Presentes, sauf en autre chose notre droit, & l'autrui en toutes. DONNE' à Bourges au mois de Decembre l'an de grace mil quatre cens soixante; ainsi *signé* par le Roy, CHALIGAULT.

OBSERVATIONS.

On auroit pû suprimer cette Déclaration, puisquelle a été revoquée par celle de 1461, qui suit. Mais on ne veut rien omettre, de toutes les piéces que la Chambre des Comptes employe pour sa défense.

Cette Déclaration étoit évidemment obreptice, & subreptice. Car on y fit entendre au Roy Charles VII. qu'il avoit été ordonné, accoutumé, & gardé, qu'aux gens des Comptes apartient toute connoissance de cause, &c. Et que cette Ordonnance & observance étoit fondée sur grande raison, &c.

Cependant l'on vient de montrer, que par les précedentes Ordonnances toute connoissance de cause étoit défendue à la Chambre des Comptes en matiere contentieuse, & hors la simple ligne de Compte. C'étoit donc une surprise manifeste, qui avoit été faite à la Religion de ce Prince.

Aussi ne voit-on pas que cette Déclaration ait jamais été presentée, ni enregistrée au Parlement. Il y a plus la Chambre des Comptes n'osa même en parler, ny s'en prévaloir, lorsque l'année suivante ses contestations avec le Parlement furent portées au Conseil du Roy Louis XI. C'est un fait digne de remarque, & dont on sera convaincu par la lecture des raisons des deux Compagnies, qu'on trouvera inserées dans la Déclaration qui intervint à ce sujet, & qui va être raportée.

III.

Produite par le Parlement.

DECLARATION DU ROY LOUIS XI. du 5. Fevrier 1461.

Déclaration de Louis XI. de l'an 1461, portant révocation de la précédente, & Réglement contradictoire entre le Parlement & la Chambre des Comptes de Paris.

LOYS, par la Grace de Dieu Roy de France, à tous ceux qui ces presentes Lettres verront, Salut. Comme à l'occasion des appellations interjettées de nos amez & feaux les Gens de nos Comptes, plusieurs altercations & differends soient sourdis entre nosdits Gens des Comptes, & nos amez & feaux Conseillers les Gens de notre Parlement.

Raisons de la Chambre des Comptes.

Sur ce que lesdits Gens de nos Comptes disoient & prétendoient, que feu de bonne memoire Philippe, dit le Long, jadis Roy de France, en l'année 1319, fit certaine Ordonnance sur le fait & état d'icelle Chambre, par laquelle entr'autres choses il veut & ordonne, que au cas, que aucun se plaindroit d'aucuns griefs, ou d'aucunes d'aucunes Sentences, qui auroient été données contr'eux en ladite Chambre, on ne donnât point de commiſſion, ne ne fiſt l'en autres Commiſſaires, que ceux de ladite Chambre des Comptes; mais que l'on prenſiſt deux, ou trois, ou quatre perſonnes de ladite Cour de Parlement, ſages, & ſouffiſans, qui avec eux fuſſent quand meſtier ſeroit, & ſe on y trouvoit aucune choſe à corriger ou amander, qu'il fût fait en leur preſence. Et depuis, c'eſt à ſçavoir en l'an 1375, feu de bonne mémoire Charles V. auſſi Roy de France, par ſes Lettres ſignées de ſa main, manda à ſon Chancellier garder, & faire garder ladite Ordonnance. Mais néanmoins, puis certain temps en ça, aucuns, eux diſans appellans des Sentences, & appointemens donnez contr'eux en icelle Chambre des Comptes, ſe ſont efforcez relever leurs appellations en notredite Cour de Parlement, & de fait ont obtenu Lettres ſur ce, en venant directement contre ladite Ordonnance; dont ſe pourroit enſuyr retardement du payement de nos deniers & finances.

Raiſons du Parlement.

Les Gens tenans notredite Cour de Parlement diſans au contraire, que notredite Cour de Parlement eſt capable, doit, & a accoutumé de recevoir, connoître, diſcuter, & déterminer des appellations interjettées en icelle Cour, & mêmement de celles de ladite Chambre des Comptes, ſans ce que leſdits Gens de nos Comptes doivent entreprendre aucune autorité, & ſouveraineté, ne empêcher que ladite Cour connoiſſe deſdites appellations. Diſans outre, que ſur ce y a pluſieurs Ordonnances de nos Predeceſſeurs, Arrêts, & Jugements de ladite Cour, & que autrement le faire, ce ſeroit attribuer ſouveraineté à ladite Chambre, en laquelle ſont communément en petit nombre; & ſeroit diviſer, & démembrer l'autorité & ſouveraineté d'icelle notre Cour, qui doit être conſervée en unité, ſous laquelle les grands & puiſſans nos ſujets, & autres ſont tenus en crainte, obéiſſance, & révérence envers Nous, dont ſe pouroit enſuyr inconveniens, & dommages irréparables. Diſans outre, que ſi aucune Ordonnance avoit été faite par ledit feu Roy Philippe le Long, comme dit eſt, *elle ſe devroit entendre, & tel ſeroit l'uſage, en matiere concernant purement fait de compte.* Et pour ce que depuis ladite Ordonnance, les Gens de noſdits Comptes, ſous couleur d'icelle, *entreprenoient connoiſſance ordinaire des cauſes*, en délaiſſant l'occupation, à quoi ils doivent vaquer, c'eſt à ſçavoir à oyr, & clorre les comptes des miſes, & receptes de nos deniers & finances, ledit feu Roy Charles-le-Quint feiſt certaine Ordonnance par *laquelle il leur défendit toute connoiſſance de cauſe, ſur peine de privation de leurs Offices.* Laquelle Ordonnance fut confirmée, l'an 1406, par feu de bonne mémoire Charles VI. notre ayeul. Requerants l'autorité de notredite Cour être gardée & obſervé.

Explication de l'Ordonnance de Philippe le Long

Ordonnances des Rois Charles V. & Charles VI. qui défendent aux Gens des Comptes toute connoiſſance de cauſe.

Et pour ce que à cauſe des altercations & differends des ſuſdits ſe pourroit enſuyr retardement du payement de nos deniers, & finances, & auſſi ſeroit retarder l'expedition des cauſes & querelles de nos ſubjets, & que deſirons apointer, & donner ordre en ladite matiere, oſter toutes difficultez, & garder & conſerver l'autorité de notredite Cour, & auſſi obvier que par telles appellations le payement de nos deniers, & finances ne ſoit empêché ny retardé.

Diſpoſitif de la Déclaration.

I.

Il n'y a que la voye de la réviſion contre les Arrêts de la Chambre en fait de ligne de compte, ſuivant l'Ordonnance de Philippe le Long.

Nous, par l'avis & déliberation des Gens de notre Conſeil, Avons voulu & ordonné, voulons & ordonnons, que s'il advenoit, que aucun de nos Receveurs, ou autres, ayants eu adminiſtration nos deniers, & finances, ſoit pourſuivi, convenu & appellé en ladite Chambre de nos Comptes, pour rendre Compte, & que ſur les difficultez, qui peuvent ſurvenir en examinant, ou cloant icelui compte, tant en allouement des acquits & décharges, Arrêts ſur aucuns articles des Comptes ès Chapitres de miſes, ou de recepte, aucun appointement par noſdits Gens des Comptes ſoit donné; ou que aucune commiſſion ſoit par eux baillée, pour recouvrer ſur aucuns de noſdits Receveurs aucune ſomme de nos deniers, à cauſe de ce que icelui notre Receveur n'auroit d'icelle ſomme par lui reçûe fait Recepte, & couché en ſon Compte; ou que commiſſion ſoit baillée par noſdits Gens des Comptes, pour adjourner aucuns de noſdits Receveurs, ou ſes hoirs, pour clorre aucun Compte, & que ſur la procédure ſoit aucun appointement donné, & que des ſuſdits appointemens, Arrêts, ou commiſſions iceux Receveurs, ou leurs hoirs, eux ſentants grevés, appellent, ou ſe deuillent, & complaignent, ſoit ſur ledit appel, doléance, & complainte procedé ſelon la forme & teneur de ladite Ordonnance dudit feu Philippe le Long.

II.

En tous autres cas l'appel des Jugemens de la Chambre sera porté au Parlement.
Singulierement en fait de saisies féodales.

Mais si il advient, que *en autres matieres, que de reddition & cloture de compte, & concernant purement & directement fait de compte*, aucun de nos subjets appelle des Gens de nosdits Comptes, & d'aucun de leurs appointemens, commission, *main-mise en aucun fief & héritage, soubs couleur de hommages, ou devoirs non faits*, de regale & autrement; & aussi de aucun appointement donné par les Gens de nosdits Comptes, sur les difficultez, qui pardevant eux se peuvent mouvoir, à cause de verification & entérinement d'aucunes nos Lettres de don, ou de fieffé, & accencement de fiefs & heritages, ou de reception & institution des Officiers, ou de gages d'iceux, ou autrement, *en quelques cas que ce soit, non concernant purement & directement reddition, & closture de compte* des Receptes de nosdits deniers, & finances, comme dit est, *soit la cause dudit appel introduite, decidée, & déterminée en notredite Cour de Parlement.*

III.

Les Requêtes, tendantes à faire recevoir cet appel, en contiendront au long les moyens.

Et pour obvier, que sous ombre d'aucuns adjournements en cas d'appel en forme commune, aucune fraude soit faite contre notredite Ordonnance, voulons & ordonnons, que doresnavant, quand aucun appellant de nosdits Gens des Comptes requerra aucun adjournement en cas d'appel, sera tenû exprimer & declarer bien au long les griefs, dont il se dira appellant, & que sans iceux déclarer ne soit baillé aucun adjournement en cas d'appel; & si par inadvertance, ou autrement, leur étoit baillé, qu'il ne soit de nulle valleur & effet.

Si donnons en mandement par cesdites Presentes à nosdits Conseillers les Gens tenans, & qui tiendront au tems à venir notredit Parlement, & de nosdits Comptes, & chacun d'eux, si comme à lui appartiendra, en enjoignant bien expressement, que notre presente Ordonnance & volonté ils tiennent & gardent, & façent tenir & garder en tous ses points, sans enfraindre selon sa forme, & teneur. Car ainsi nous plaît-il être fait, nonobstant quelques Ordonnances, rescriptions, ou Mandemens au contraire. DONNE' à Saint Jean d'Angely, le cinquiéme jour de Fevrier l'an de grace mil quatre cens soixante un, & de notre regne le premier, *sic signatum supra plicam*, Par le Roy en son Conseil, DE BALOTTE, *& in dorso scriptum erat: Lecta, publicata, & registrata Parisius, in Parlamento, secunda die Martii anno millesimo quadragintesimo sexagesimo primo. Sic signatum*, CHENETEAU. *Collatio facta est cum originali.* Ainsi Signé. *Extractum à registris ordinationum Regiarum in Curia Parlamenti registratarum.* DU TILLET.

OBSERVATIONS.

Ce n'est point ici une Déclaration obtenue sur la simple Requête de l'une des Parties; comme celle de 1460. C'est un Reglement contradictoire, donné à grande connoissance de cause, & après avoir entendu les raisons des deux Compagnies.

Il a de plus servi de fondement aux Reglemens particuliers, qui ont été rendus entre le Parlement, & la Chambre des Comptes de Bourgogne, comme on le verra dans la suite.

Elle se plaint donc mal à propos, que le Parlement, à reçû l'appel de quelques-uns de ses Jugemens, soit en fait de mouvance féodale, soit en quelques autres, non concernant faits de comptes; puisqu'en tous ces cas les Jugemens des Chambres des Comptes sont sujets à l'appel par les propres termes du Reglement, qu'on vient de raporter.

La Chambre, qui sent la force de cette décision, a cherché à l'éluder par la disposition d'une autre Déclaration de l'anné 1464. Mais elle verra bien-tôt, que c'est pour elle une foible ressource.

I V.

DECLARATION DU ROY LOUIS XI. du 26 Fevrier 1464.

Produite par la Chambre des Comptes.

Seconde Déclaration du Roy Louis XI. de l'an 1464, qui paroît révoquer la premiere; mais qui n'a jamais eu d'effet.

LOUIS, par la Grace de Dieu, Roy de France, A tous ceux qui ces Presentes verront, Salut. Comme tantôt aprés notre avénement à la Couronne, c'est à sçavoir au mois de Novembre l'an 1461, Nous considerans que la conduite & police de la chose publique de notre Royaume, dont nous sommes le chef, consiste principalement en justice, & en fait de finances, pour lesquels deux faits conduire & administrer sous la Monarchie & Seigneurie de notredite Couronne, de laquelle ils dépendent & dérivent, furent anciennement établies deux Cours Souveraines, distinctes & separées l'une de l'autre, c'est à sçavoir notre Cour de Parlement pour ladite justice, & notre Chambre des Comptes pour lesdites finances, & avertis que feu de bonne mémoire Philippes, dit le Long, jadis Roy de France, sçachant qu'en ladite Chambre des Comptes sont les livres & enseignemens des droits & Domaines Royaux, & qu'ils y sont traittez & connus, à la conservation, défense & accroissement d'iceux, & que pour ce, les faits de ladite Chambre doivent être tenus secrets, & non communiquez, sinon entre nos Officiers en icelle, à qui, & ainsi qu'il appartient; Pour ces causes & pour obvier aux inconveniens, qui par faute de ce s'étoient ensuivis, en l'an 1319, fit certaine Ordonnance sur le fait & état d'icelle Chambre, par laquelle entre autres choses, il voulut & ordonna, que en cas que aucun se plaindroit d'aucuns Griefs, ou d'aucunes Sentences, qui auroient été données contre eux en ladite Chambre, on ne donnât point de commission, ne ne fit l'on autres autres Commissaires, que de ceux d'icelle Chambre, disant que on print deux, ou trois, ou quatre personnes deladite Cour de Parlement, sages & suffisans, qui avec eux fussentquand métier seroit. Et se on y trouvoit aucune chose à corriger ou amender, qu'il fût fait en leur presence; & depuis, c'est à sçavoir en l'an 1375, feu de bonne mémoire Charles-le-Quint, notre bisayeul, jadis Roy de France, *cui* Dieu pardoint, informé de ladite Ordonnance, & des causes d'icelle, manda par ses Lettres signées de sa main à son Chancelier la garder, & que si aucune chose avoit été faite au contraire, qu'il renvoyast tout en ladite Chambre, & non ailleurs, pour en ordonner ainsi qu'il appartient, & que par nous en cette matiere en bonne & meure delibération, nous étans aux Montils les Tours le 23e jour dudit mois de Novembre 1461, eussions par nos Lettres Patentes, voulu & mandé être fait & procedé esdites appellations, selon la teneur deladite Ordonnance; lesquelles Nos Lettres furent aucuns temps aprés exhibées & presentées à nos amez & feaux Conseillers les Gens de notredite Cour de Parlement, auxquels elles s'adressoient, pour les faire lire, publier & enregistrer en icelle Cour, ainsi qu'il est accoutumé faire en tels cas. Mais ils les détindrent par long-tems, sans les vouloir expedier, ne rendre; & pendant ladite détention, envoyerent aucuns d'entr'eux devers nous à Saint Jean d'Angely, au mois de Fevrier prochain en suivant, auquel lieu ils obtinrent autres Lettres Patentes en date du 5e jour dudit mois, par lesquelles Nous déclarasmes & ordonnasmes, que s'il avenoit, que en autre matiere, que de closture & reddition de compte, & concernant purement & directement fait de compte, aucun de nos sujets appelloit desdites Gens de nos Comptes, & de leurs appointements, commission, & main-mise en aucun fief & héritage, sous couleur de foi & hommage non faits, droits & devoirs non payez, de regale, ou autrement, ou d'aucun appointement par eux donné sur les difficultez, qui pardevant eux se peuvent mouvoir, à cause de verification & enterinement d'aucunes nos Lettres de don, de fieffé, ou de accensement de fief, & héritage, de reception & institution d'Officiers & de gages d'iceux, ou autrement, en quelque cas que ce soit, non concernant purement & directement reddition & closture de compte de recepte de nos deniers & finances, la cause dudit appel fût introduite, decidée, & déterminée en notredite Cour de Parlement. Au moyen desquelles nos Lettres, qui furent publiquement lûes & publiées en icelle

Ordonnance de Philippe le Long pour la Révision des Arrests de la Chambre des Comptes en matieres de comptes.

Cour, avant que les dessus dites premieres fussent rendues auxdites Gens de nos Comptes, plusieurs appellations ont été, & sont chacun jour interjettées d'eux, tant en matiere concernant fait de Compte, qu'autres tous nos droits, Domaines, & finances, dont nosdits Conseillers de Parlement s'efforcent de connoître, & à cette fin ont baillé aux Parties appellantes Lettres de reliefvemens en cas d'appel, pour adjourner en notredite Cour nosdits Gens des Comptes, comme s'ils étoient Juges sujets. Et encore s'en pourroient vrai semblablement ensuir autres appellations au tems advenir, au grand préjudice & dommage de Nous, assoupissement de droits & devoirs, qui nous sont dus, tant à cause de nos fiefs, arriere fiefs, regales, censives, qu'autrement, retardement du payement de nos deniers, se provision n'y étoit par nous mise; Sçavoir faisons, que nous voulans y pourvoir, & conserver notredite Chambre des Comptes en son autorité, laquelle nous sçavons & connoissons être entre nos Cours & Chambres seule singuliére à Nous, & l'arche & le repositoire des titres & enseignemens de nosdits droits, devoirs, Domaines & finances, & des comptes, & raisons de la distinction d'iceux, *& en laquelle a de toute ancienneté été jugé & décidé par Arrêt ès matieres, que se y sont offertes*, ainsi qu'il appert par les Registres d'icelle. Pour les causes dessusdites & autres grandes & raisonnables à ce nous mouvans, & eu sur ce bon avis & conseil.

Nota. Le faux exposé des Gens des Comptes, *qu'ils avoient de tout tems décidé par* [illegible] *toutes matieres, qui s'étoient offertes pardevant eux.*

Dispositif de la Déclaration.

Ordonnons & déclarons notre plaisir être, que sur la décision & détermination de toutes appellations déja interjettées, & qui desormais le seront de nosdits Gens des Comptes, soit procedé selon la forme & teneur de l'Ordonnance dudit Philippe-le Long ci-dessus récitée; & tout ce qui a été fait, & sera au tems avenir au contraire, soit renvoyé pardevant eux, pour en ordonner ainsi qu'il appartiendra par raison, nonobstant lesdites dernieres Lettres de nous obtenues audit lieu de Saint Jean d'Angely audit mois de Fevrier, l'an 1461, lesquelles & leur effet & contenu, nous abrogeons, irritons, cassons & annullons, ensemble toutes lesdites Lettres de Reliefvement en cas d'appel obtenues, & à obtenir, contre la teneur de ces Presentes, & les executions d'icelle.

Si donnons en mandement auxdites Gens de nos Comptes, que de notre presente Ordonnance & Déclaration ils usent, & les exécutent de point en point, & les fassent publier & enregistrer par tout, où ils verront être à faire. Et défendons à nosdits Conseillers de notredite Cour de Parlement, & à tous nos autres Justiciers, Officiers, & sujets, que en ce ils ne les troublent, ne ne fassent faire troubler, ne empêcher aucunement: Car ainsi nous plaist être fait. En témoin de ce, Nous avons fait mettre notre Sçel à cesdites Presentes. DONNE' à Poitiers le vingt-sixiéme jour de Fevrier l'an de Grace 1464, & de notre regne le quart. Ainsi *signé*: Par le Roy, les sieurs DULAU, & DE LA LANDE, JEAN BALUE, & autres presens, DEMOLINT. *Lecta, publicata & registrata in Camera Compotorum Domini nostri Regis Parisius, die trigesima Martii, anno Domini millesimo quadragesimo sexagesimo-quarto.*

OBSERVATIONS

Quand cette Déclaration auroit eu lieu pour la Chambre des Comptes de Paris, elle ne pourroit servir de titre à celle de Dijon.

La raison est, que postérieurement il est intervenu trois Reglemens solemnels entre le Parlement & la Chambre des Comptes de Bourgogne, le premier du mois de Fevrier 1501. Le second du 7 May 1519, & le dernier du 6 Avril 1604, qui ont decidé, conformement à la Déclaration de 1461, qu'en toutes autres matieres que de la ligne de Compte, l'appel des Jugemens de cette Chambre seroit porté au Parlement de Dijon. On verra ces Reglemens dans leur ordre.

Cela n'est point particulier à la Bourgogne. Ce fut la Déclaration de 1461, & non celle de 1464, qui servit de modele au Réglement du 15 Septembre 1551, qui fut donné pour la Chambre des Comptes de Languedoc, & il a pareillement été suivi pour quelques autres. On en trouvera ci-après les preuves.

L'on n'estime pas même que la Déclaration de 1464, ait eu jamais d'execution en faveur de la Chambre des Comptes de Paris. Les raisons en sont sensibles.

1°. Comment mettre en parallelle une Déclaration donnée sur la seule Requête de la Chambre, avec un Reglement solemnel, & contradictoire rendu trois ans auparavant entre les deux Compagnies.

2°. Il

2°. Il est évident qu'elle fut accordée à la Chambre par surprise, & sur ce faux exposé, que de toute ancienneté elle avoit décidé par Arrêts les matieres, qui s'y étoient offertes, sans faire aucune distinction de celles de Comptes, & des autres.

3°. Cette Déclaration n'a jamais été enregistrée, ny même adressée au Parlement de Paris, qui y étoit principalement interessé. Ainsi elle n'a jamais pû servir de regle pour cette Compagnie.

Mais cette discution est inutile, les difficultez qui pourroient naître à ce sujet, ayant été terminée par le Reglement de 1520, qu'on va raporter, & dont il est necessaire d'examiner la disposition.

V.

DECLARATION DU ROY FRANCOIS PREMIER, du mois de Decembre 1520.

Dans Fontanon Tom. 2. pag. 42.

Reglement de 1520, entre le Parlement & la Chambre des Comptes de Paris.

FRANCOIS, &c. A tous ceux qui ces Presentes Lettres verront, Salut. Comme par ci-devant plusieurs differends soient meus entre nos amez & feaux Conseillers, les Gens de notre Cour de Parlement à Paris, & nos amez & feaux Conseillers, les Gens de nos Comptes audit lieu, pour raison des Jugemens des matieres, qui sont traittées & decidées en notre Chambre desdits Comptes, tant au fait de nos comptes, Arrêts & closture d'iceux, restrictions, refus, ou delais sur la vérification des Chartres & Lettres, que autres matieres; pour ausquels mettre fin avons mandé à nosdits Gens d'icelle Cour de Parlement, & de nosdits Comptes, envoyer en cette Ville de Blois aucuns personnages d'entr'eux, instruits & garnis des raisons, qu'ils avoient à alleguer d'une part & d'autre, sur lesdits differends, qui étoient entr'eux. Ce qu'ils ont fait. Et pour ce faire, ont été envoyez de la part de nosdits Gens de Parlement, nos amez & feaux Conseillers en icelle Cour, Maître François Loynes, & Arnault l'Huillier; Et de la part de nosdits Gens des Comptes, Jean Nicolai, & Gilles Berthelot, Chevaliers, Conseillers, premier & tiers Présidens, Maître Jean Brinon, aussi Conseiller & Maître ordinaire en notredite Chambre des Comptes. Pour lesquels ouyr, & afin d'arrêter, vuider, & donner fin à toujours auxdits differends, qui étoient entr'eux, ayans fait assembler & convoquer aucuns grands & notables personnages de notre Conseil, & entr'autres notre amé & feal Chancelier, l'Archevêque de Sens, Chevalier de notre ordre, nos chers & amez Cousins, le Sire de la Trimoüille notre premier Chambellan, & Gouverneur de Bourgogne, les Sires de Chastillon, Mareschal de France, de Bonnivet, Admiral, & autres notables personnages; en la presence desquels avons fait proposer auxdits deleguez & deputez desdites Cour & Chambres desdits Comptes par diverses journées, leurs faits, raisons & moyens.

Raisons du Parlement.

Et après avoir bien à plein oui, & entendu lesdites raisons, & moyens, & que de la part des Gens de notredite Cour de Parlement a été allegué l'Ordonnance, qu'ils prétendoient avoir été donnée, Parties ouyes, au lieu de Saint Jean d'Angely, le cinquiéme Fevrier 1461, par feu de bonne mémoire le Roy Louis XI. (que Dieu absolue) l'usance & plusieurs Arrêts sur ce donnez, tendans & concluans par les raisons que dessus, & plusieurs autres par eux alleguées, à ce que des appointemens & Jugemens desdits Gens des Comptes l'on pouroit appeller, & que des appellations les unes se doivent vuider en la Chambre du Conseil, (C'est à sçavoir, quand procedoient de ligne du Compte, ou closture d'icelui) & les autres en ladite Cour de Parlement.

Raisons de la Chambre des Comptes.

Et que de la part desdits Gens de nos Comptes ont été alleguées au contraire plusieurs Ordonnances de nos Predecesseurs Rois de France, & mêmement l'Ordonnance de feu de bonne mémoire le Roy Philippe-le Long donné au Vivier en Brie au mois de Janvier, 1319, de Charles V. au mois d'Aoust 1375. Charles VI. au mois de Mars 1408, Charles VII. au mois de Decembre 1460, Loys XI. au mois de Fevrier, 1464, qu'ils prétendoient aussi avoir été données, Parties ouyes, confirmatives desdites précédentes & révocatives de l'Ordonnance dudit Roy Loys, donnée audit lieu de Saint Jean d'Angely, ledit cinquiéme jour de Fevrier 1461, aussi l'usance & plusieurs Arrêts sur ce donnez, tendans & concluans par les raisons que dessus, & plusieurs autres par eux alleguées, notredite Chambre être érigée en dernier ressort, & être subjette à Nous sans moyen; & que des appointemens, Ordonnances, & Jugemens desdits Gens des Comptes ne se pouvoit appeller; ains, si d'iceux procedoit aucun plaintif, ou doléance, ils se doivent vuider par révision en la Chambre du Conseil, appellez trois ou quatre des Gens de notredit Parlement, en ensuivant lesdites Ordonnances.

Sur quoi après avoir en la presence des dessusdits à plein fait entendre, tant verbalement, que par écrit, les fins à quoi un chacun d'eux tendoit; & déliberation des dessusdits Gens de notredit Conseil, & autres, de la Loy, statut, & decret, qu'entendons sur ce bailler à nosdits Gens de Parlement, & des Comptes, soit besoin sur ce décerner nos Lettres, & faire déclaration de notre vouloir.

Sçavoir faisons, que Nous voulans pourvoir à ce que les Cours & Jurisdictions de notre Royaume, mesmement celles de notredite Cour de Parlement & Chambre desdits Comptes, qui sont pour le fait de la justice, & de nos finances, les deux principales & anciennes de notredit Royaume, faire vivre en bonne union, sans les laisser, ne souffrir entreprendre les unes sur les autres, ne alterer, ne énerver l'authorite & Jurisdiction l'une de l'autre; Pour ces causes, & pour mettre fin auxdits differens, & questions, qui se sont meus, & pourroient mouvoir, pour raison desdites choses, avons par l'avis & déliberation que dessus, de notre certaine sçience, propre mouvement, pleine puissance, & authorité royale, par Edit & Ordonnance perpetuelle, & irrevocable, ordonné, statué, & déclaré, statuons, & déclarons, voulons & nous plaît ce qui s'ensuit.

I.

On ne se pourvoira, que par Révision contre les Arrêts rendus par la Chambre en fait de ligne de Compte, ou sur les modifications, refus, ou delai de vérifier les Lettres Patentes.

Et premierement, que pour vuider les doléances & plaintes ja faites, & indecises, ou qui se feront d'hui en avant par les Parties, pour raison des appointemens, Sentences, Jugemens, & Ordonnances données, ou qui se donneront par lesdits Gens des Comptes, soit en ligne de Compte, ou closture d'icelui; Et aussi celles, qui se feront des modifications & restrictions, refus, ou delais de vérifier les Chartres, & les Lettres qui s'adresseront à eux (soit que sur l'enterinement, vérification, ou refus desdites Lettres & Chartres soit intervenû contredit, ou opposition de notre Procureur, ou autre tierce Partie, lesquels ne se puissent vuider facilement & sur le champ, ains fut la matiere telle, quelle requist que les Parties fussent amplement ouyes en leurs droits, & documens veus; ou que sur lesdits enterinement & verification ne fût baillé contredit, ou opposition par notredit Procureur, ou tierce Partie; ou que lesdites oppositions, fussent vuidées par les Gens de notre dite Chambre sur le champ, ou autrement) Nous esdits cas, voulons & Ordonnons, que lesdites oppositions, plaintes & doléances seront vuidées par Révision en la Chambre du Conseil; en laquelle seront députez de la part de notredite Cour de Parlement, le nombre de cinq au moins, & six au plus, & y aura un Président de chacun costé, s'il y en a à Paris, qui y puissent vaquer; autrement se prendra des Conseillers. Et pareillement seront députez de la part de notredite Chambre des Comptes, semblable nombre de nos Gens desdits Comptes, en maniere qu'ils seront desdites Cours & Chambre respectivement en égal nombre. Et seront les appointemens, ou Ordonnances, qui sur ce seront par eux rendues en ladite Chambre du Conseil, enregistrées par notre Greffier, ou l'un de nos quatre Notaires de notredite Cour de Parlement, & aussi par l'un des Greffiers de notredite Chambre des Comptes, par ensemble. Et s'il avenoit qu'en vuidant lesdites oppositions, doléances ou plaintes, nosdits Conseillers étant en ladite Chambre du Conseil, se trouvassent differens en opinion, & fussent partis, & autant d'un costé que d'autre, en ce cas Nous advertiront incontinent de leurdit partage & differend, pour avoir sur ce notre Déclaration & Ordonnance, & se vuideront lesdits differends par ce qu'en ordonnerons.

Forme de la Révision en ce cas.

Du cas de partage d'opinions en la Chambre de Révision.

II.

La Chambre est incompétente en toutes autres matieres, & doit les

Item, qu'en toutes autres causes & matieres, où y aura commencement de Procès formé entre quelques Parties, soit notre Procureur, ou autre, des oppositions, qui souventesfois interviennent aux Exécuteurs de leurs Ordonnances, ou appointemens, avons ordonné & ordonnons, que ceux de notredite Chambre des Comptes n'en prennent aucune connoiſſance, Cour, ne Juriſdiction ; & laquelle audit cas leur avons interdite & défendue. Ains voulons, & Nous plaît, qu'icelles cauſes & matieres ſe renvoyent aux Juges, auſquels la connoiſſance en appartient ; c'eſt à ſçavoir celles des Aydes, aux Generaux de la Juſtice, ou élus ſur le fait des Aydes ; & les autres, où ſeroit queſtion de nos droits, & Domaine, pardevant les Conſeillers de notre Tréſor, ou devant les ordinaires, ainſi quils verront au cas. Et ſi du refus de renvoyer, ou renvoi devant un Juge, auquel la connoiſſance en appartient, y avoit plaintif, ſe vuidera icelui plaintif en ladite Chambre du Conſeil, par forme de Réviſion, comme deſſus.

renvoyer aux Juges du Domaine, des Aides, ou autres.

III.

Item, & quant aux doléances, ou plaintes, qui ſe feront de par les Comptables, ou leurs héritiers, & autres adjournez pour compter, qui prétendront n'y être tenus, des Sentences & Jugemens par leſquels ſeroit dit, qu'ils ſeroient tenus, ou non tenus de compter, voulons & ordonnons, qu'elles ſeront auſſi vuidées en ladite Chambre du Conſeil par forme de réviſion, comme deſſus.

Jugemens de la Chambre contre les Comptables, ou leurs héritiers, pour les obliger de compter, ne ſont ſujets qu'à la Réviſion.

IV.

Et quant aux appellations, qui ſeront interjettées des Executeurs des appointemens & Ordonnances de notredite Chambre des Comptes, ſe relieveront & vuideront en notredite Cour de Parlement ; fors des matieres que deſſus contenues au premier article de cette preſente Ordonnance, & les plaintifs, qui s'interjettent des adjournemens pour venir compter, qui ſe vuideront en ladite Chambre du Conſeil, en la forme que deſſus. Mais pour leſdites appellations & relievement deſdits Executeurs, faits en notredite Cour, ne ſeront retardez nos deniers, & ſera notre main garnie.

L'appel des executions de tous les Jugemens de la Chambre peut être porté au Parlement, à l'exception ſeulement des cas mentionnez aux art. 1. & 3. du preſent Reglement.

Sans néanmoins que cet appel puiſſe retarder le payement des deniers du Roy.

V.

Item, voulons & ordonnons, que les doléances, & plaintes, qui ſeront interjettées par aucuns des Préſidens, Maîtres des Comptes, Correcteurs, Clercs, Greffiers, & autres Officiers de ladite Chambre de la correction, amande, ſuſpenſion, & privation de leurs Offices, eſquels ſeroient par ladite Chambre condamnez, pour avoir delinqué en l'adminiſtration de leurs Offices, ou pour deſobéiſſance, ou autres malverſations, ou pour ne garder nos Ordonnances ; & du refus, ou delai, de ne les inſtituer eſdits Offices, leſdites matieres ſe vuideront par réviſion en ladite Chambre du Conſeil ; En laquelle toutesfois eſdits cas y aura plus grand nombre de nos Conſeillers de notre Cour de deux, que ne ſeront noſdits Gens des Comptes.

Pour la Réviſion des Jugemens de la Chambre en fait de diſcipline, il doit y avoir deux Commiſſaires du Parlement plus que de la Chambre.

Comme auſſi des Jugemens contenans delai ou refus, de recevoir les Officiers de la Chambre.

Si donnons en mandement par ceſdites Preſentes, à noſdits Conſeillers, &c. DONNE' à Blois au mois de Decembre l'an de grace mil cinq cent vingt, & de notre regne le ſixiéme. Ainſi *ſigné* ſous le repli, FRANCOIS, & ſur le repli, par le Roy, L'ARCHEVEQUE de Sens, le Sire DE BONIVET, Admiral de France, & autres preſens, ROBERTET. Et ſcellées à double queue de cire jaune.

Lecta, publicata & regiſtrata, in Camera Compotorum Domini noſtri Regis, audito Procuratore dicti Domini, die decima-quinta Decembris, anno 1520. ſic ſignatum, LE BLANC.

OBSERVATIONS.

Le Parlement de Dijon n'employe pas cette Déclaration, comme ſervant de Loy dans l'étendue de ſon reſſort ; puis qu'un an auparavant il avoit plû au même Roy François I. d'en faire une autre pour la Bourgogne, laquelle eſt differente en pluſieurs choſes de celle-ci, & qui néanmoins a été confirmée par divers Reglemens, rendus pour la même Province.

On Produit ſeulement cette Déclaration, pour établir deux choſes eſſentielles.

La premiere, que la Chambre des Comptes de Paris y a obtenû des prérogatives particulieres, qui n'ont jamais été communiquées à celle de Dijon.

La seconde, que quelque avantageuse, qu'elle soit à cette Chambre, elle ne lui donne néantmoins pas le droit de juger en dernier ressort les difficultez, qui peuvent y naistre incidemment sur plusieurs matieres, & particuliérement en fait de droits dépendans du Domaine du Roy, tels que sont entre autres les mouvances des fiefs.

A l'égard du premier point, la Déclaration de 1520, porte que les Jugemens rendus par la Chambre des Comptes de Paris, sur les contestations incidentes à l'enregistrement des Lettres Patentes, qui lui seront adressées, seront seulement sujets à révision.

Et au contraire l'article 4 du Reglement du Conseil rendu en 1604. entre le Parlement, & la Chambre des Comptes de Dijon, marque divers cas, où l'appel des Jugemens de la Chambre en ces sortes de matieres est porté au Parlement.

Pareillement plusieurs articles du même Reglement, de 1604, portent, que tous les Jugemens de la Chambre des Comptes de Dijon sur le fait du Domaine du Roy, ou des Aides, & en quelques autres cas, seront sujets à l'appel au Parlement de la même Province.

Au lieu que par la Déclaration de 1520, il est défendu de recevoir en aucuns cas l'appel des Jugemens de la Chambre des Comptes de Paris. Ce qui détruit absolument la prétention chimérique de celle de Dijon, qu'elle est instituée & reglée en tout & par-tout à l'instar *de la premiere.*

Il est vrai, que sur ce point la difference entre l'autorité de l'une & de l'autre consiste plus dans les termes, que dans la chose. Car au lieu que l'on peut être reçeu à appeller directement & sans détour des Jugemens de la Chambre des Comptes de Dijon, & de la plûpart des autres du Royaume dans les cas, dont on vient de parler, on n'y est admis à l'égard des Jugemens de celle de Paris, que par une voye indirecte. C'est-à-dire, qu'au lieu d'appeller de ses Jugemens, on peut seulement appeller des Executeurs, ou de l'execution, qui en est faite, & porter cette appellation au Parlement, suivant l'article 4 de la Déclaration de 1520, en quoi le Roy a voulu, qu'on eût pour les Jugemens de la Chambre des Comptes de Paris le même respect, que pour les Rescrits des Papes, desquels il n'est pas permis d'appeller comme d'abus, quoi qu'on appelle tous les jours de leur execution. Mais au fond cela revient au même, soit pour l'interêt des Plaideurs, soit pour l'autorité du Parlement.

Il s'ensuit de là, par exemple, que si la Chambre des Comptes de Paris avoit prononcé sur une mouvance féodale contentieuse entre le Roy, & des Seigneurs Particuliers, le Parlement seroit en droit, suivant le même article 4, de recevoir l'appel de l'execution de ce Jugement. Il le peut en une infinité d'autres cas semblables, & l'on en a recouvré quelques exemples, dont on fera mention dans la suite.

On ne doit donc pas être étonné, de voir traiter dans les Parlemens de Bourgogne, de Languedoc, & autres des appellations directes des Jugemens des Chambres des Comptes de ces Provinces, suivant les Reglemens faits par nos Rois, puisque la même chose se fait au Parlement de Paris, par une autre voye, qui sous un autre nom, & avec des termes plus doux, ne laisse pas de mener au même but, & de produire le même effet.

VI.

Produit par la Chambre des Comptes.

EDIT DU ROY CHARLES IX. du mois de Fevrier 1566.

Edit de 1566; contenant interpretation & extension du précedent Reglement.

CHARLES, Par la Grace de Dieu, Roy de France, A tous presens & avenir, Salut. Comme depuis notre heureux advenement à la Couronne, nos affaires n'auroient pas permis d'adviser & pourvoir aux fautes, que nous avons connu être en notre justice, & administration, de nos finances, fors maintenant, que nous aurions fait une assemblée & convocation generale en notre Ville de Moulins, de nos principaux Officiers, tant de nos Cours de Parlement, que de notre Chambre des Comptes de Paris, pour adviser sur lesdits deux points, qui sont les principaux nerfs & fondemens de notre Etat. Ce que nous avons (graces à Dieu) mis à fin, avec meure déliberation, & bon advis de toute ladite assemblée; si bien que si ce n'est l'extrême malice de nos sujets, Nous n'esperons que tel desordre puisse advenir. Et d'autant que les deux premieres & principales Compagnies de cettui notre Royaume, & lesquelles doivent servir d'exemple & lumiere à toutes les autres, sont notre Cour de Parlement, & Chambre des Comptes de Paris; l'une pour le le fait de notre Justice & l'autre pour le fait de nos Finances ; Nous les voulons maintenir en union, sans qu'à telles occasions, comme par le passé, puisse avenir different entr'elles, qui la plûpart du temps ne sont avenus, qu'à faute d'entendre les Edits & Réglemens de nos Prédécesseurs Rois, & Nous, faits sur les appellations, qu'on recevoit, contre nos vouloirs & intention, en notredite Cour de Parlement, de nosdits Gens des Comptes. Pour raison desquelles, les Gens tant de notredite Cour, que de notredite Chambre, sont souventesfois venus vers Nous à grands frais, & charge sur nos Finances, encore qu'il y eût un Edit par notre Ayeul le feu Roy François, en l'an 1520, qui pouvoit assez empêcher lesdites appellations. Et d'autant aussi que par ledit Réglement & Edit de l'an 1520, il n'étoit pourvû aux causes criminelles, qui quelquefois peuvent intervenir en notredite Chambre ; lesdites deux Compagnies sont souvent entrées en grande combustion, & avoient obtenu de Nous divers Edits. De maniere que souventesfois Avons été contraints, pour obvier aux difficultez, que faisoit notredite Cour de Parlement, de bailler Commissaires particuliers, pour juger aucuns Procez criminels qui avoient été faits en notredite Chambre. Pour à quoi pourvoir, sçavoir faisons, qu'après avoir mis cette affaire en déliberation en notredit Conseil Privé, auquel étoient plusieurs Princes de notre Sang, & autres grands & notables Personnages, ensemble les Premiers Présidens, tant de notredite Cour, que de notredite Chambre ; & ouis nos Avocats en icelles en leurs remontrances, Avons par Edit perpetuel & irrévocable, voulu, statué & ordonné, voulons, statuons & ordonnons.

I.

Les Jugemens de la Chambre des Comptes de Paris en fait de comptes, ou de vérification de Lettres, seront seulement sujets à la Revision.

Qu'en toutes matieres civiles, de quelque nature qu'elles soient, n'y aura appel de nosdits Gens des Comptes, soit pour raison de ce qui est jugé par eux sur les comptes de nos Officiers, ou sur les Lettres, qui leur seront présentées, soit Chartres, Légitimations, Naturalitez, Annoblissemens, Gardes sous-âge, Amortissemens, Lettres de Don, & generalement de toutes autres Lettres, encore que la qualité d'icelles ne soit ci spécifiée, & desquelles l'adresse sera faite par Nous & nos Successeurs Rois, à nosdits Gens des Comptes, des vérifications, refus ou modifications faites sur lesdites Lettres, n'y en pourra avoir appel ; & de quelque Jugement, soit définitif, ou interlocutoire, donné par nosdits Gens des Comptes esdites matieres civiles, n'en pourra être interjetté appel par nos Procureurs Generaux, ou autres de nos Sujets. Ains ceux, qui se voudroient plaindre desdits Jugemens, se pourvoiront par révision en notre Chambre du Conseil, lez notredite Chambre des Comptes.

II.

L'opposition aux enterinemens de Lettres adressées à la Chambre, y doit être jugée, sauf la révision.

Et où sur l'enterinement ou verification d'aucunnes Lettres, qui seront adressées à nosdits Gens des Comptes, intervenoit opposition, soit de notre Procureur General, ou autre tierce partie, Nous voulons lesdites oppositions être jugées par nosdits Gens des Comptes, le plus diligemment & sommairement que faire se pourra. Et si lesdites oppositions étoient telles, qu'elles requissent plus grande connoissance de cause, de sorte qu'elles ne se puissent vuider sur le champ, ains fut la matiere tellement disposée, qu'il fallut plus amplement ouir les Parties, & voir leurs titres & productions ; Nous voulons néanmoins que lesdites causes & oppositions soient jugées par nosdits Gens des Comptes, sans qu'il soit permis, ni licite d'en appeller ; sauf aux Parties de se pourvoir par révision, si bon leur semble.

III.

Ainsi que les renvois demandez pardevant autres Juges.

Et où aucunnes Parties demanderoient à être renvoyées pardevant autres Juges, prétendans nosdits Gens des Comptes être incompétans, Nous ne voulons pareillement, ni entendons que dudit renvoy, ou du refus de renvoyer, il puisse avoir appel de nosdits Gens des Comptes ; & s'il y a plainte ou doléance, se vuidera par révision en ladite Chambre du Conseil.

IV.

Défenfes de recevoir aucune appellation des Jugemens de ladite Chambre.

Défendons très-expreffément aux Gens de notredite Cour de Parlement, qu'ils n'ayent à recevoir à l'avenir aucunnes appellations de nofdits Gens des Comptes; & à nos Maîtres des Requêtes, tenans le Sçeau de notre Chancellerie de Paris, & de ne fceller aucun relief d'appel de nofdits Gens des Comptes, fur peine de nullité, & de Nous en prendre à eux.

V.

Et au furplus le Réglement de 1520, fera exécuté.

Voulons qu'au furplus notredit Edit de l'an 1520, demeure en fa force & vertu.

VI.

De la Jurifdiction de la Chambre pour les matieres criminelles.

Et quant aux caufes criminelles, qui pourroient intervenir en notredite Chambre des Comptes, & lefquelles il conviendra conduire extraordinairement par decret, interrogatoires, & récollemens, & confrontations, ou par contumace; fera procédé par nofdits Gens des Comptes à l'inftruction defdits Procez jufqu'à torture exclufivement. Et quand fe viendra à prendre les conclufions définitives, ou de torture, en ce cas nos Avocats & Procureurs Généraux, tant de notredite Cour de Parlement, que de notredite Chambre, s'affembleront, pour d'un commun accord & avis prendre lefdites conclufions. Et feront jugez lefdits Procez, foit par le jugement définitif, ou de torture, en la Chambre du Confeil, lez notredite Chambre des Comptes, en même forme, que fe jugent les révifions; à fçavoir, que le Procès fera apporté en ladite Chambre du Confeil, où y affifteront un Préfident de ladite Cour de Parlement, cinq Confeillers d'icelle, ou fix au plus, & un Préfident de notredite Chambre, avec cinq Maîtres des Comptes, ou fix au plus, y préfidant celui de notredite Cour de Parlement, avec un Greffier de notredite Cour, & un de notredite Chambre.

Si donnons en mandement à nos amez & feaux, les Gens tenans notre Cour de Parlement, & Chambre de nos Comptes, que notre prefent Edit, Statut & Ordonnance, ils faffent lire, publier & enregiftrer, garder & obferver, & maintenir de point en point felon fa forme & teneur, nonobftant tous autres Edits ou Lettres, que lefdits Gens de notredite Cour de Parlement pourroient avoir obtenues de Nous, & de nos Prédeceffeurs Rois au contraire; lefquelles Nous avons révoqué & révoquons, caffons & annullons, fans que jamais on puiffe révoquer en doute aucuns points contenus en notre prefent Edit & Réglement, & fans que pour jamais foit licite à aucuns de nos Sujets, d'interjetter appel de nofdits Gens des Comptes, ni à notredite Cour de Parlement d'en recevoir aucune appellation, ains fe pourvoiront les Parties fuivant notre préfent Edit & Réglement, & non autrement; car tel eft notre plaifir. DONNE' à Moulins au mois de Février l'an mil cinq cent foixante-fix, & de notre regne le fixiéme. *Signé fur le repli.* Par le Roy étant en fon Confeil, ROBERTET. Vifa, & fcellé de cire verte, fur lacs de foye rouge & verte. Plus fur ledit repli eft écrit: *lûes, publiées & regiftrées, oui & ce requerant le Procureur Général en la Chambre des Comptes du Roy notre Sire, le vingt-feptiéme d'Avril mil cinq cent foixante-fix.* Signé, FROMAGET.

OBSERVATIONS.

Cet Edit ne contient proprement rien de nouveau, que ce qui regarde la Jurifdiction de la Chambre des Comptes en matiere criminelle.

Car en défendant à toutes perfonnes d'interjetter appel des Jugemens de la Chambre des Comptes en aucune matiere civile, fauf la révifion, il ne fait, que renouveller la défenfe, qui en avoit déja été faite par le Réglement précédent.

Mais l'article 5. a pourvu fuffifamment à la confervation de l'autorité du Parlement, en ordonnant qu'au furplus l'Edit de l'an 1520, demeurera en fa force & vertu. Car cette difpofition autorife de nouveau les appellations des Exécuteurs des Jugemens de la Chambre des Comptes, dont il eft parlé en cet Edit. Ainfi il n'y a point eu de changement à cet égard.

Au reste il est très-important de remarquer, que quoique ces deux Edits de 1520, & 1566, se trouvent visez dans le Reglement, qui fut donné au Conseil en 1604, entre le Parlement & la Chambre des Comptes de Dijon, ils n'empêcherent pas Sa Majesté de décider, qu'on pourroit appeller directement en plusieurs cas des Jugemens de la Chambre, & même de ceux, qu'elle pourroit rendre sur les incompétences proposées contre elle, ainsi qu'il paroît par l'Article 20. de ce Réglement. C'est une observation, qu'on ne sçauroit trop répéter, & qui est de la derniere importance pour le Procès, dont il s'agit.

VII.

AUTRE EDIT DU ROY CHARLES IX. *du mois de May 1567.*

Dans Fontanon, Tom. 2. p. 45.

Autre Edit de 1567, concernant la Jurisdiction de la Chambre des Comptes en matiere criminelle.

CHARLES, &c. A tous presens & avenir, Salut. Comme nous avons connu grand desorde en l'administration de nos Finances, & que plusieurs crimes, abus, fautes & malversations y soient commises, lesquelles néanmoins demeurent impunis; & procéde en partie telle impunité, à cause des differends, qui sont en notre Cour de Parlement, & en notre Chambre sur la compétence, ou incompétence & la connoissance desdits crimes, qui tourne au grand dommage de Nous, & de nosdites Finances.

Et pour y donner Réglement, avons voulu, statué & ordonné, voulons & Nous plaît, qu'aux causes criminelles, qui pourroient intervenir en notredite Chambre des Comptes, sera procédé par nosdits Gens des Comptes à l'instruction d'icelles, jusqu'au Jugement de torture exclusivement. Et pour prendre les conclusions définitives, ou de torture, nos Avocats & Procureurs Generaux, tant de notredite Cour de Parlement, que de notredite Chambre des Comptes s'assembleront, pour d'un commun accord & avis prendre lesdites conclusions. Et seront jugez lesdits Procez, soit par Jugement définitif, ou de torture, en la Chambre du Conseil lez notredite Chambre des Comptes, où assisteront un Président de notredite Cour de Parlement, cinq Conseillers d'icelle Cour, ou six au plus, y présidant celui de notredite Cour de Parlement, avec un Greffier de notredite Cour, & un de notredite Chambre, lesquels jugeront en dernier ressort, & nonobstant oppositions ou appellations quelconques.

Si donnons en mandement, &c. DONNE' à Saint Maur, au mois de May, l'an de grace mil cinq cent soixante-sept, & de notre regne le septiéme. Ainsi signé sur le repli, Par le Roy en son Conseil, DE L'AUBESPINE. *Registrées, oui le Procureur General du Roy, par l'exprès commandement dudit Seigneur, & par provision seulement, jusqu'à ce que par ledit Seigneur autrement en ait été ordonné. A Paris en Parlement le seiziéme jour de May, l'an mil cinq cent soixante-sept.* DU TILLET.

OBSERVATIONS.

Cet Edit n'a été inseré ici, que pour n'omettre aucuns des Reglemens, qui ont été donnez entre le Parlement, & la Chambre des Comptes de Paris, & parcequ'il a été étendu à celle de Dijon par l'Article 21. du Réglement de 1604. Du reste il n'y a sur ce point aucune contestation entre les Parties.

Il ne paroît pas non plus, que depuis 1567, il y ait eu aucunne difficulté considérable entre le Parlement & la Chambre des Comptes de Paris. Mais comme il n'est pas indifférent de connoître, de quelle maniere les Réglemens de 1520, & 1566, ont été suivis, & executez, en voici quelques preuves, qu'on a trouvées dans les livres. On en auroit sans doute recouvré bien d'avantage, s'il avoit été possible d'en faire des recherches dans les Registres des deux Compagnies. Mais les exemples, qu'on va rapporter, suffiront pour montrer comment ces loix ont été dès leur naissance interprétées par l'usage.

VIII.

Tiré de Chopin, *de doman. lib. 3. tit. 26. n. 7.*

ARRETS DU PARLEMENT DE PARIS, du mois de Novembre 1565.

Sur l'appel de l'éxécution d'un Jugement de la Chambre des Comptes de Paris en fait de mouvance féodale.

LE sieur de Bourgon, du pays du Maine, avoit obtenû du Roy des Lettres d'érection de son fief en Vicomté, & les avoit fait enregistrer en la Chambre des Comptes de Paris. Le Baron de Neuvillette, Seigneur dominant de ce fief, interjetta appel au Parlement de l'éxécution de ce Jugement de la Chambre des Comptes, prétendant que par la Coutume du Maine ce Jugement lui faisoit perdre la mouvance du fief de Bourgon. Sur cette appellation la Cour par Arrêt donné à l'Audiance le premier jour aprés la Saint Martin 1565, émendant, debouta le sieur de Bourgon de ses Lettres.

OBSERVATIONS.

La Chambre des Comptes de Dijon affecte de répandre, que depuis deux siecles l'appel des Jugemens de celle de Paris ne se porte plus en aucun cas au Parlement.

Il faut une fois pour toutes la convaincre du contraire, & lui montrer que ces sortes d'appellations ont toujours été reçûes dans les matieres, qui ne sont pas de la competence naturelle de la Chambre; mais néanmoins avec ce ménagement pour elle, que c'est de l'éxécution du Jugement de la Chambre, & non du Jugement même, qu'on appelle, suivant les Réglemens, dont on vient de parler.

On en voit ici un exemple d'autant plus remarquable, qu'il y étoit question d'un combat de fief entre le Roy, & le Baron de Neuvillette. Ce qui fait le principal objet de la contestation, qui est aujourd'hui pendante entre le Parlement, & la Chambre des Comptes de Dijon.

Sur la Coutume de Nivernois, tit. des Justices, art. 28.

Coquille, qui vivoit dans le même temps, cite encore un Arrêt pareil, & les termes, dont il se sert, sont trop essentiels, pour ne les pas rapporter:

Sera remarqué, qu'il y a appel des Cours Souveraines, qui ont leur Jurisdiction limitée, *ad certum genus causarum*, quand elles jugent hors le cas de leur attribution. De même fut jugé en Parlement le 12 Decembre 1544, sur un appel interjetté de Messieurs des Comptes; pour ce qu'ils ne sont point Souverains, sinon en ligne de compte.

IX.

Tiré de M. Servin, *liv. 1. Plaid. 15. p. 143. Edit. in fol.*

ARRET DU PARLEMENT DE PARIS du 26 Octobre 1595.

Sur l'appel d'une saisie, faite en execution d'une Ordonnance de la Chambre des Comptes de Paris.

IL y avoit eu une saisie du temporel de l'Evêché de Luçon, suivie d'établissement de Commissaires, à Requête de Monsieur le Procureur General en la Chambre des Comptes de Paris, de l'Ordonnance de la Chambre. L'Econome, & ensuite l'Evêque de Luçon, ayans interjetté appel au Parlement de cette saisie, il y eut Arrêt rendu le 26 Octobre 1595, par lequel la Cour mit l'appellation, & ce dont étoit appellé au néant, & emendant fit main-levée aux Appellans des choses saisies.

OBSERVATIONS.

OBSERVATIONS.

Cet Arrêt est encore d'autant plus digne de remarque, qu'il est parfaitement applicable aux contestations, qui naissent pour mouvances féodales; puisque la Régale temporelle n'est autre chose, qu'un droit de féodalité, comme nous l'enseigne l'illustre M. le Bret, en son Traité, de la Souveraineté de nos Rois. De la Souveraineté, p. 28. Edit de 1689. & Quest. not. Liv. 5. Decis. 1.

Papon s'en explique en ces termes: La vacation du Bénéfice en Régale est tout de même, que la vacation d'un Fief; & le serment de fidélité, prêté par les Evêques, vaut autant que la prestation de foi & hommage; & souvent de droit l'un se prend pour l'autre. *Tel est le sentiment unanime de tous nos Jurisconsultes.* En ses Arrêts. Liv. 2. Tit. 3. Art. 1.

Il est donc constant, qu'en toutes ces sortes d'affaires il est permis de se pourvoir par appel, soit de l'exécution des Jugemens de la Chambre des Comptes de Paris, suivant les exemples précédens, soit des Jugemens même des autres Chambres des Comptes, suivant un Arrêt célebre, dont l'on va rapporter les circonstances.

X.

ARREST DU PARLEMENT DE PARIS du 23 Décembre 1598.

Tiré de M. Servin, *Liv. 1. Plaid. 43. pag. 134. Edit. in fol.*

Sur l'appel d'un Jugement de la Chambre des Comptes de Bretagne.

LES fruits & revenus de l'Evêché de Nantes avoient été saisis de l'Ordonnance de la Chambre des Comptes de Paris, à cause de l'ouverture de la Régale. La Chambre des Comptes de Bretagne en avoit accordé la main-levée à l'Evêque de Nantes. Mais le Procureur General du Parlement de Paris en ayant interjetté appel, la Cour par son Arrêt donné le 23 Décembre 1598, faisant droit sur cette appellation dit, qu'il avoit été mal, nullement, & incompétemment jugé, bien appellé par le Procureur General, & déclara la saisie faite de l'Ordonnance de la Chambre des Comptes de Paris bonne & valable.

OBSERVATIONS.

Cet Arrêt ne différe des précédens, que par la forme de prononcer, laquelle est très-essentielle à observer pour le Procès, qui est à décider entre le Parlement & la Chambre des Comptes de Dijon.

L'on voit en effet, que par celui de 1595, le Parlement de Paris reçut simplement l'appel de la saisie faite en exécution d'une Ordonnance de la Chambre des Comptes de Paris, & non de l'Ordonnance même, suivant le Réglement de 1520.

Au lieu que par le dernier il prononça sur l'appel du Jugement de la Chambre des Comptes de Nantes. Ce qui prouve sans réplique, qu'on n'a jamais entendu, que la disposition du Réglement de 1520, dût être étendue aux autres Chambres des Comptes du Royaume, & que ce parfait instar *entre ces mêmes Chambres, & celle de Paris, dont on fait tant de parade, est une véritable chimere.*

XI.

ARREST DU PARLEMENT DE PARIS du 19 Mars 1609.

Tiré de Corbin, *Loix de la France, Art. 28.*

Sur l'appel de l'exécution d'une vérification de Lettres de Naturalité, enregistrées à la Chambre des Comptes de Paris.

PETRONILLE CERUTA, Piedmontoise, avoit obtenu du Roy des Lettres de Naturalité, qui avoient été vérifiées en la Chambre des Comptes de Paris. Les nommez Allard ayant appellé au Parlement de l'exécution de ces Lettres

& de la vérification qui en avoit été faite, la Cour par Arrêt donné à l'Audience de la Grand-Chambre le 19 Mars 1609, mit l'appellation au néant.

OBSERVATIONS.

Cet Arrêt est une nouvelle preuve des propositions, qui ont été avancées ci-dessus, ausquelles on n'a rien à ajouter.

XII.

Tiré de Bacquet, *pag.* 554. *Edit de* 1688.

ARREST DE LA CHAMBRE DES COMPTES DE PARIS. du 4 Août 1620.

Portant renvoi à la Chambre du Trésor d'une contestation en matiere de Domaine, formée incidemment dans un Compte.

OUY le rapport par Me François Hubert, Conseiller du Roy, & Auditeur de ses Comptes, de la Requête présentée à la Chambre par Jacques de la Rochefoucault, requerant la décharge & le rétablissement des souffrances & supercessions étans au compte de 1609, & autres suivans, d'une partie de 576 liv. qu'il a droit de prendre par chacun an, comme Héritier de la Maison de Chabannes, sur le Domaine de Lyon, pour rapporter les Titres; Vû ledit compte de l'an 1609; les Conclusions du Procureur General, & les autres Comptes y mentionnez.

La Chambre a ordonné lesdites souffrances & supercessions être déchargées, & que la rente sera passée, par provision seulement. Et que le Procès mentionné ausdites Conclusions sera poursuivi, & fait juger à la diligence du Substitut du Procureur General au Trésor, auquel pour cet effet le present Arrêt, & le compte de 1609, sera baillé à la diligence dudit Procureur, auquel le present Arrêt sera signifié. Fait au Bureau le 4 Août 1620.

OBSERVATIONS.

C'est ici un exemple remarquable de la maniere, dont les Chambres des Comptes doivent procéder, quand elles veulent suivre les regles, & éviter que l'execution de leurs jugemens ne soit sujette à l'appel.

Car encore que l'affaire, dont il s'agissoit en cet Arrêt, fût incidente à un Compte; néanmoins comme elle regardoit un Droit du Roy contentieux, la Chambre se fit justice, & en renvoya la décision à la Chambre du Trésor, suivant le Réglement de 1520.

Bacquet, qui raporte cet Arrêt, nous assure qu'il en a vû une infinité d'autres semblables. La maniere dont il s'en explique, est d'une extrême importance.

Pag. 412. de la même édition.

Sous le mot de Domaine, sont compris tous les droits Royaux, comme de régale, d'annoblissement, &c. de droits féodaux, comme HOMMAGES, censives, &c. De là un nombre presque infini de renvois faits au Tresor de diverses matieres des qualitez susdites par les Cours de Parlement, Chambres des Comptes, &c.

Telle étoit la route, que devoit suivre la Chambre des Comptes de Dijon dans l'affaire du sieur Brulart, où il étoit question d'une mouvance contestée au Roy. Si en ne le faisant pas elle s'est exposée à l'appellation, qui blesse si fort sa délicatesse, c'est à elle seule, qu'elle s'en doit prendre.

XIII.

ARREST DE LA CHAMBRE DES COMPTES DE PARIS. de l'année 1641.

Tiré des Plaidoyers de Gaultier, *Tom.* 1. *Plaid.* 9. *pag.* 179.

Qui, sur une opposition à un Don de confiscation, renvoya les Parties au Parlement, pour juger si les biens étoient sujets à confiscation.

LE Baron de Saint Preuil ayant été condamné à mort, la confiscation de ses biens fût donnée par le Roy au sieur d'Ambleville. Ses Lettres de Don ayant été presentées à la Chambre des Comptes de Paris, la Dame de Chabannes, sœur du défunt, s'opposa à leur vérification, prétendant que la confiscation de biens n'avoit pas lieu en Angoumois, où les biens étoient situez.

La Cause ayant été plaidée au mois de Juin 1641, à l'Audience de la Chambre des Comptes, il y eut Arrêt, par lequel, avant que de procéder à la vérification des Lettres de Don du Roy, & à l'opposition formée à cette vérification, les Parties furent renvoyées au Parlement, pour juger, si les biens étoient sujets à confiscation.

Ensuite, y ayant eu Arrêt au Parlement, qui jugea que la confiscation n'avoit point de lieu, la Chambre refusa la vérification du Don prétendu.

OBSERVATIONS.

Autre exemple encore plus illustre de l'ancienne regularité de la Chambre des Comptes de Paris à se conformer aux Réglemens, qui avoient fixé les bornes de sa jurisdiction.

En vain l'opposition à des Lettres de Don d'une confiscation, lesquelles lui étoient adressées, paroissoit naturellement incidente à la demande en entérinement. En vain la question, si la confiscation avoit lieu en Angoumois, avoit été pleinement discutée à l'Audience de la Chambre par les plaidoyers de deux Avocats habiles, dont l'un a fait imprimer le sien.

La Chambre reconnut sagement, qu'une affaire, où il s'agissoit d'un droit important au Roy, & d'une question difficile, n'étoit pas de sa compétence, & la renvoya au Parlement.

Beau modéle pour la Chambre des Comptes de Dijon, si elle étoit aussi bien disposée à se régler suivant les usages de celle de Paris, qu'elle est attentive à se vanter, d'être établie à son instar.

XIV.

EDIT DU ROY LOUIS XIII. du mois d'Avril 1627.

Imprimé parmi les Réglemens d'Escorbiac, pag. 731. & ailleurs.

Portant attribution aux Trésoriers de France des Generalitez de Paris, & autres, de la Jurisdiction du Domaine en premiere instance, & entr'autres des contestations pour Mouvances Féodales.

VOULONS, que chacun desdits Bureaux, au dedans des fins & limites de leurs Généralitez, jugent, connoissent, & décident en premiere instance, & privativement à nos Baillifs, Sénéchaux, Prevôts, leurs Lieutenans, & autres Juges, de tous Procez & differends, qui se pourront mouvoir & intenter, pour raison de notredit Domaine, Cens, sur-Cens, Rentes, & autres droits, circonstances & dépendances d'icelui, comme de toutes matieres d'Aubaines, Epaves, Bâtardises, Déshérences, & autres droits de biens vacans, où nos Procureurs de nosdits Bureaux pourront avoir quelque interêt; ensemble des Dixmes inféodées, mouvans en fief de Nous, *des Hommages des Vassaux tenans de Nous*, *des Lettres de souffrance & de conforte-main, qui sont prises par nos Vassaux pour raison des fiefs & hommages tenus & mouvans d'iceux*, *& la Réception des foy & hommages de tous les fiefs dépendans de notre Domaine*, & par main souveraine, quand elle échet ; ensemble de toutes entreprises & usurpations, qui ont été faites, & se feront sur notredit Domaine, soit que notredit Procureur y soit partie, ou entre Particuliers,

OBSERVATIONS.

Cet Edit fait seul la décision du Procès, qui est pendant au Conseil entre le Parlement, & la Chambre des Comptes ; puisqu'il attribue aux Trésoriers de France, dans toute l'étendue du Royaume, la connoissance de tous procez & differends, concernans les hommages des Vassaux du Roy, & qu'il l'interdit à tous autres Juges. Comment peut-on résister à une décision si claire & si autentique ?

Il est vrai que la disposition du même Edit, qui attribuoit encore aux Trésoriers la Réception des foy & hommage de tous les Fiefs, mouvans du Roy, a été depuis modifiée en faveur de quelques Chambres des Comptes, & entr'autres de celle de Dijon.

Mais il faudroit qu'elle l'eût été pareillement, par rapport à l'attribution faite aux Trésoriers, à l'exclusion de tous autres, des Procès pour combats de fief ; & c'est ce qu'on ne montrera jamais.

XV.

Recueil d'Edits concernans le Domaine, imprimé en 1690. Part. 2. p. 76.

ARREST DU CONSEIL D'ETAT DU ROY, du 19 Janvier 1668.

Portant Réglement entre la Chambre des Comptes de Paris, & les Trésoriers de France de Châlons, & Bourges.

I.

LE Roy, étant en son Conseil, a ordonné & ordonne, par maniere de provision, que ladite Chambre des Comptes continuera à recevoir les foi & hommages des Vassaux de Sa Majesté, comme elle a ci-devant fait ; & aura le dépôt general de tous les actes d'hommages, qui seront rendus à la personne de Sa Majesté, à M. le Chancellier, & aux Bureaux des Finances.

II.

Les Aveux & Dénombremens seront blâmez par les Trésoriers.

Comme aussi recevra ladite Chambre les Aveux & Dénombremens, qui seront fournis par les Vassaux de Sa Majesté, qui y auront rendu leurs hommages, *après qu'ils auront été blâmez par les Trésoriers de France, ausquels l'adresse en sera faite.*

III.

Sera loisible ausdits Vassaux, pour leur plus grande commodité, de rendre leurs hommages, aveux & Dénombremens à ladite Chambre, quoiqu'ils soient d'autres Ressorts, que de la Généralité de Paris.

IV.

Seront les originaux de tous les aveux & dénombremens, qui sont présentement aux Greffes desdits Bureaux des Finances, envoyez dans trois mois par lesdits Trésoriers en ladite Chambre, qui en fera donner décharge à ceux, qui les y porteront au pied des Inventaires, qui seront pour cet effet dressez, & signez par les Greffiers desdits Bureaux.

V.

Ordonne aussi Sa Majesté, que lesdits Trésoriers de France des Bureaux des Finances de Châlons & de Bourges continueront pareillement à recevoir les foi & hommages des Vassaux de Sa Majesté de leur ressort à quelques sommes, que le revenu des fiefs se monte; à l'exception toutefois de tous les Duchez, & des Comtez, Marquisats, Vicomtez, Baronnies & Châtellenies vérifiées, dont les hommages seront rendus à la personne de Sa Majesté, ou de M. le Chancellier, ou à ladite Chambre des Comptes.

VI.

Et recevront lesdits Trésoriers de France les aveux & dénombremens, qui leur seront fournis par les Vassaux, qui auront rendu pardevant eux leurs hommages, après avoir observé les formalitez en tel cas requises; pour être les originaux desdits hommages, aveux & dénombremens, envoyez par lesdits Trésoriers de France en ladite Chambre, en la forme ci-dessus, trois mois après chacune année finie, à peine de radication de leurs gages.

Les Saisies Féodales, & les Liquidations des Droits dûs au Roy, seront faites par les Trésoriers.

VII.

Ordonne encore Sa Majesté que, *les saisies féodales, & liquidations des droits dûs à Sa Majesté seront faites; sçavoir à la Requête du Procureur de Sa Majesté en la Chambre du Trésor à Paris*, pour l'étendue de son ressort, ainsi qu'il s'est pratiqué avant la Déclaration du 24 Novembre 1665, & dans les Generalitez de Châlons & Bourges, à la Requête des Procureurs de Sa Majesté esdits Bureaux, créez en 1627, à la charge d'en envoyer autant de trois mois en trois mois au Procureur General de ladite Chambre.

VIII.

Sans qu'il puisse être accordé aucunes main-levées desdites saisies féodales, qu'après l'hommage rendu, & les droits dûs à Sa Majesté, liquidez & payez, avec condition d'obliger les Vassaux de fournir leurs aveux & dénombremens dans le tems & aux termes portez par les Coutumes. Fait au Conseil d'Etat du Roy, SA MAJESTE' y étant, tenu à Paris le 19 Janvier 1668. *Signé* DE GUENEGAUD, & enregistré en la Chambre des Comptes de Paris le 13 Mars suivant.

OBSERVATIONS.

Recueil desdits Edits concernans le Domaine, pag. 813.

Il y a diverses remarques à faire sur cet Arrêt, lequel a été suivi de plusieurs autres, qui l'ont déclaré commun avec les Trésoriers de France de la plûpart des Generalitez du Royaume, entr'autres avec ceux de Bordeaux par Arrêt du 26 Juin 1688.

1°. Quoiqu'il ait introduit une limitation à l'Edit de 1627, en ce qu'il a ordonné, que la réception des foy & hommage des grands fiefs se feroit à la Chambre des Comptes, cette limitation, qui ne tombe que sur la cérémonie de l'hommage, n'a rien changé à la disposition de l'Edit, par rapport aux Procez concernans les hommages des Vassaux du Roy. Ainsi le Jugement de ces sortes d'affaires appartient toujours aux Trésoriers, à la charge de l'appel au Parlement.

2°. Cet Arrêt veut, que toutes les saisies féodales, & les liquidations des droits dûs au Roy par les Vassaux, soient faites à la réquisition des Procureurs de Sa Majesté aux Bureaux des Finances. D'où il résulte deux choses. La premiere, que le Procureur General de la Chambre des Comptes de Dijon s'arroge sans fondement le droit, de faire ces poursuites en Bourgogne, sur tout depuis la Déclaration du 2 Octobre 1703, par laquelle l'Edit de 1627, a été introduit en cette Province. La seconde, que la plûpart des combats de fiefs venans ensuite des saisies féodales, & la connoissance de ces saisies étant attribuée aux Trésoriers, c'est une preuve nouvelle, qu'ils sont les seuls Juges naturels de ces sortes de contestations; & ensuite le Parlement sur l'appel de leurs Jugemens.

3°. Le même Arrêt porte, que les aveux & dénombremens des Vassaux du Roy seront renvoyez aux Bureaux des Finances, pour y être blâmez. Autre preuve, que tous les Procez, qui naissent à l'occasion des reprises de fiefs, sont de la compétence de ces Bureaux, & nullement des Chambres des Comptes.

Cela est si certain, que quelques années après le Procureur du Roy au Bureau des Finances de Moulins, ayant fait saisir certains fiefs du Nivernois, qu'il prétendoit mouvans de

Sa Majesté & le Duc de Nevers, qui s'y étoit opposé, comme prétendant aussi la mouvance des mêmes fiefs, ayant décliné la Jurisdiction des Trésoriers, il y eût Arrêt rendu au Conseil le 13 May 1687, qui ordonna aux Parties de procéder au Bureau des Finances pour raison des mouvances, dont il s'agissoit, pour leur être fait droit, sauf l'appel au Parlement de Paris. Cet Arrêt a été produit au Procès, pour faire voir que le dernier ressort de ces sortes de contestations appartient sans difficulté aux Parlemens.

Produit par la Chambre des Comptes de Dijon.

XVI.

ARREST DE LA CHAMBRE DES COMPTES DE PARIS du 9 Septembre 1694.

Par lequel on prétend qu'elle a jugé un combat de fief entre le Roy, & le Duc de Mazarin.

LA Dame de Saint Gelais avoit obtenû des Lettres d'Erection de la Terre de Saint Gelais en Marquisat, avec clause, qu'elle seroit tenue d'en faire la foy & hommage au Roy; & les avoit fait enregistrer à la Chambre des Comptes de Paris le 10 Mars 1676. Ensuite cette Dame ayant voulu rendre hommage au Roy en la même Chambre, le Duc de Mazarin s'y opposa, de même qu'a l'exécution de l'Arrêt d'enregistrement desdites Lettres, en ce qu'il adjugeoit au Roy la mouvance de la Terre de Saint Gelais, prétendant qu'elle lui appartenoit à cause de sa Baronie de saint Maixant. Sur quoi la Chambre, par son Arrêt du 9 Septembre 1694, ordonna, que sans avoir égard aux oppositions du Duc de Mazarin, il seroit passé outre à la reception de la foi & hommage de la Dame de Saint Gelais pour raison du Marquisat de question, comme mouvant du Roy, à cause du Comté de Poitou.

OBSERVATIONS.

Cet Arrêt ne sçauroit procurer aucun avantage solide à la Chambre des Comptes de Dijon.

Si celle de Paris, qui l'a rendu, n'a voulu simplement, que donner la provision au Roy, comme il est assez vrai-semblable, parceque Sa Majesté doit toujours plaider la main garnie, cela n'a fait aucun préjudice à la jurisdiction des Tresoriers de France, ni à celle du Parlement, où la contestation pour le fond a dû être portée.

Si au contraire la Chambre des Comptes a prétendu juger définitivement le combat de fief, c'est une entreprise manifeste, qui n'ayant aucun fondement, ne peut tirer à consequence.

En effet les mouvances féodales étant un des plus beaux droits du Domaine du Roy, le renvoi en a dû être fait en la Chambre du Tresor, sauf l'appel au Parlement, suivant l'Article 2. du Reglement de 1520, & l'Edit de 1627, qui ont été ci-dessus rapportez.

Et si le Duc de Mazarin avoit interjetté appel de l'execution de l'Arrêt de 1694, il n'y a point de doute, que le Parlement de Paris n'eut été en droit de le recevoir, & de le juger, conformement à l'Article 4. du même Reglement de 1520, qui y est formel.

Pour ne pas s'exposer à cet inconvenient, il eut été de la prudence de la Chambre de renvoyer plutôt la decision de ce procès aux Juges, à qui la connoissance en appartenoit; & c'est sans doute sur ces reflections, que dans un cas tout semblable elle se determina peu de temps après à un pareil renvoi par l'Arrêt, qui suit.

XVII.

ARREST DE LA CHAMBRE DES COMPTES DE PARIS du 8 Aoust 1698.

Produit par le Parlement.

Portant renvoi au Parlement de Paris d'un procès pour mouvance féodale entre le Roy, & le Duc de la Trimouille.

VEu par la Chambre les Lettres Patentes du Roy en forme de Chartes, données à Fontainebleau au mois d'Octobre 1696, *signées* LOUIS, & sur le repli par le Roy, Phelypeaux, & sçellées en lacqs de soye rouge & verte du grand sçeau de cire verte, obtenues par Messire Gabriel Antoine de Crux, Marquis de Crux, & de Vieillevigne, & Grand lieu, sieur de Touvois, Saffrai, & autres lieux, par lesquelles & pour les causes y contenues Sa Majesté a créé, érigé, & decoré la Terre, Seigneurie & Chastellenie de Montaigu, composée de ladite Chastellenie & de celles de Roche-serviéres, Beaurepaire, Baroches, la Barossiere, & Noir lieu, & de plusieurs Paroisses, avec leurs appartenances & dependances, Scizes en bas Poitou, du nom, titre, dignité, & prééminence de Marquisat, pour en jouir par ledit sieur de Crux impetrant, ses enfans, & posterité mâles, nez en loyal mariage, audit nom titre & dignité de Marquisat de Montaigu, &c. *à la charge de relever de Sa Majesté à une seule foi & hommage, droits & devoirs accoutumez &c.* Requête presentée à la Chambre par Messire Charles de la Trimouille, Duc de Thouars, & de Chatelleraut, Prince de Tarente, & de Talmont, Pair de France, Chevalier des Ordres du Roy, & premier Gentil-Homme de la Chambre de Sa Majesté, tendante *à ce que pour les causes y contenues, il pleût à ladite Chambre le recevoir opposant à l'enregistrement desdites lettres* d'érection de ladite Terre de Montaigu en Marquisat, obtenues par ledit sieur de Crux; Arrêt intervenu sur ladite Requête le quinziéme Janvier audit an 1697, par lequel la Chambre a donné acte de ladite opposition, & ordonné qu'elle seroit signifiée; &c. Requête presentée à la Chambre par ledit sieur Duc de la Trimouille, tendante à ce que pour les causes y contenues, *il lui fut donné acte de l'opposition, qu'il formoit, en tant que besoin seroit, à l'Arrêt de la Chambre du 19 Septembre 1664*, intervenu sur Requête de la Dame de Vieillevigne, Dame de ladite Terre de Montaigu, portant delai de trois mois pour faire les foi & hommages dûs au Roy, pour raison de ladite Terre, comme relevant de Sa Majesté, à cause de sa Tour de Maubergeon de Poitiers, & tout ce qui s'en est ensuivi, & en consequence attendu l'instance pendante en la Grand-Chambre du Parlement de Paris, pour raison de la mouvance de ladite Terre de Montaigu, ordonner qu'il seroit sursis à l'enregistrement desdites Lettres d'erection en Marquisat, jusqu'après le jugement dudit procès pendant au Parlement; Arrêt intervenu sur ladite Requête du 25 Janvier de la presente année 1698, par lequel la Chambre a donné acte de ladite opposition & ordonné qu'elle seroit signifiée; signification faite desdites Requête & Arrêt le 27 desdits mois & an à Me de Beaufort Procureur dudit sieur de Crux; autre Requête presentée à la Chambre par ledit sieur de Crux, tendante à ce que pour les causes y contenues, il plût à ladite Chambre lui donner acte, de ce que pour defenses à la demande dudit sieur de la Trimouille portée par sa Requête du 25 Janvier 1698, & à l'opposition par lui formée à l'enregistrement desdites Lettres Patentes d'erection de Montaigu en Marquisat, il employoit le contenu dans sa Requête, comme aussi lui donner pareillement acte de la declaration qu'il faisoit, qu'il n'entendoit point préjudicier à l'instance pendante au Parlement, pour raison de la mouvance de ladite Terre de Montaigu, ni attribuer aucun nouveau droit aux Parties, & en consequence proceder au jugement de la cause d'entre les Parties, sans avoir égard à l'opposition formée par ledit sieur Duc de la Trimouille, ni à sa demande en surséance, non plus qu'à son opposition à l'execution de l'Arrêt de la Chambre du 19 Septembre 1664, & de tout ce qui s'en est ensuivi, en ce qui pouvoit concerner ledit sieur de Crux, dont il seroit debouté; ordonner qu'il seroit passé outre à l'enregistrement des susdites Lettres Patentes, &c. Conclusions du Procureur General du Roy, & tout consideré. LA CHAMBRE a ordonné & ordonne lesdites Lettres être registrées, pour jouir par l'impetrant, ses enfans, & posterité mâles, nez & à naître en loyal mariage, de l'effet & contenu en icelles; *sans néanmoins que ledit enregistrement puisse prejudicier aux instances pendantes entre les Procureurs Generaux du Roy, & ledit sieur Duc de la Trimouille, pour raison de la mouvance de ladite Terre de Montaigu*, suivant la declaration faite par ledit sieur de Crux, & portée par sa Requête du 15 May dernier, inserée audit Arrêt du 28 Juin ensuivant, & à la charge, *en cas que par l'évenement desdites instances la mouvance de ladite Terre de Montaigu soit adjugée au Roy, de faire par ledit sieur de Crux les foi & hommages dûs à Sa Majesté pour raison dudit Marquisat de Montaigu*, & d'en fournir l'aveu & denombrement en la Chambre quarante jours après lesdites instances. Lesquelles instances ledit sieur de Crux sera tenu de faire juger dans le terme de deux années, à compter du jour & date du present Arrêt. Et où la mouvance de ladite Terre seroit adjugée audit sieur de la Trimouille, que ledit sieur de Crux sera tenu de faire dans ledit temps les foi & hommages, & fournir l'aveu au Roy en la Chambre dudit Marquisat, & desdits droits de foires, établies par lesdites Lettres; & sans que l'enonciation portée par lesdites Lettres, que lesdits sieurs de Montaigu ont droit de presenter aux dignitez de l'Eglise Collegiale de saint Maurice de Montaigu, puisse nuire ni préjudicier aux Chanoines & Chapitre dudit saint Maurice, defenses dudit sieur de Crux au contraire. Fait le huitiéme Août mil six cent quatre-vingt-dix-huit. *signé*, RICHER,

OBSERVATIONS.

On ne pouvoit guère desirer de la part de la Chambre des Comptes de Paris, une reconnoissance plus forte, que la connoissance des mouvances féodales, contentieuses entre le Roy, & les Seigneurs, ne lui apartient pas. En effet si elle lui apartenoit, peut-on penser, qu'elle s'en fût dépouillée, pour la renvoyer à d'autres Juges?

En vain dira-t-on, qu'elle ne le fit, que parcequ'il y avoit déja une contestation liée au Parlement de Paris pour le même fait, & entre les mêmes Parties. Car en cela même elle a reconnu, que le Parlement étoit compétent. Et s'il l'étoit, il s'ensuit que la Chambre des Comptes ne l'étoit pas, à moins que ce ne fût à la Charge de l'appel; étant inoui en France, qu'il y ait deux Tribunaux ordinaires établis, pour juger une même affaire en dernier ressort, & avec une égale autorité.

XVIII.

DE'CLARATION DU ROY. du 18 Juillet 1702.

Obtenue par la Chambre des Comptes de Paris, pour les Réceptions des Foi & Hommages, Aveux, & Dénombremens des Vassaux de Sa Majesté.

LOUIS par la Grace de Dieu, Roy de France & de Navare: A tous ceux qui ces presentes Lettres verront, Salut. Nous avons été informez, que les differents Réglemens, qui ont été faits sur les Receptions des Foy & Hommages, Aveux & Dénombremens de nos Vassaux, en notre Chambre des Comptes de Paris, & les differentes interpretations, qui y ont été données, & nommément à l'Article dix-huit de notre Edit du mois de Decembre dernier, *ont donné lieu à quelques contestations entre les Officiers de cette Compagnie.* Et comme rien n'est plus important pour la conservation de notre Domaine, que d'établir en cette matiere une Jurisprudence certaine, Nous avons crû necessaire d'y pourvoir par un Réglement général, qui ne laisse plus aucun lieu de douter de nos intentions à cet égard. A CES CAUSES, & autres à ce Nous mouvants, de notre certaine Science, pleine Puissance & Autorité Royale, Nous avons par ces Presentes, signées de notre main, Dit, Déclaré & Ordonné; Disons, Déclarons & Ordonnons, Voulons & Nous plaît.

PREMIEREMENT.

Que tous nos Vassaux, qui nous rendront la Foy & Hommage de leurs Fiefs en notredite Chambre des Comptes, seront tenus d'y presenter leurs Requêtes, lesquelles seront decretées par un de nos Conseillers Maîtres, *d'un soit montré* à notre Procureur General, & feront mention des Titres, en vertu desquels ils seront devenus possesseurs desdits Fiefs.

I I.

Sur le Vû de cette Requête, notre Procureur General donnera ses Conclusions, pour le tout être rapporté au Bureau par un Conseiller Maître.

III.

Le même Arrêt, qui permettra au Vassal de rendre sa foi & hommage, Ordonnera qu'Acte lui en sera délivré, & l'attache en consequence, en la maniere ordinaire.

IV.

Les Originaux des Hommages, Aveux & Dénombremens, qui auront été reçûs par les Tresoriers de France, seront envoyez par eux en notre Chambre des Comptes, ès mains de notre Procureur General, trois mois après chacune année finie, & sous les peines portées par les Arrêts de notre Conseil, des dix-neuf Janvier 1668, & cinq Août 1679, que Nous voulons être executez selon leur forme & teneur, dérogeant à cet effet à toutes dispositions à ce contraires, & nommément aux Arrêts de notre Conseil, des vingt-six Juin 1688, & premier Octobre 1697, en ce qui s'y trouveroit contraire. Et mettront nos Conseillers Auditeurs, leurs reçûs au bas des Inventaires des Titres, qui auront été envoyez par les Tresoriers de France à notre Procureur General, pour leur servir de décharge valable.

V.

Seront lesdits Actes de Foi & Hommages, Aveux & Dénombremens remis sur la Requête de notre Procureur General, au dépôt des Fiefs, à la garde de nos Conseillers Auditeurs, en cas qu'ils soient trouvez en bonne & dûe forme.

V I.

Et où il se trouveroit quelque nullité, ou defectuosité dans lesdits Actes, ils seront envoyez par notre Procureur General ausdits Tresoriers de France, pour être par eux reformez dans le délai, qui leur aura été prescrit par notre Chambre des Comptes.

VII.

Après que le Vassal aura rendu la Foi & Hommage en notredite Chambre des Comptes, il sera tenu d'y presenter son Aveu & Denombrement, s'il est Laïque; Et la déclaration du temporel de son Benefice, s'il est Ecclesiastique, dans les termes portez par les Coutumes.

VIII.

L'Aveu sera renvoyé, pour être publié & verifié; Sçavoir, pour les Fiefs situez dans la Generalité de Paris, devant les Baillifs & Senéchaux des lieux; Et pour ceux situez dans les autres Genéralitez, devant les Tresoriers de France, & la déclaration sera renvoyée devant les Baillifs & Senéchaux des lieux, où seront situez les Benefices, conformément à notre déclaration du vingt-neuf Decembre 1673, & aux Arrêts de notre Conseil rendus en consequence, à l'effet dequoi, l'attache de notredite Chambre sera délivrée en la maniere ordinaire.

IX.

Après les Actes de publication, & la Sentence ou Ordonnance de verification, le Vassal rapportera à notre Chambre des Comptes son Aveu ou déclaration, & presentera Requête pour la Reception, qui sera decretée comme dessus.

X.

Les Oppositions qui seront formées à la Reception des Aveux ne notre Chambre des Comptes, par notre Procureur General, Receveur & Controlleur de nos Domaines, seront jugées en notre dite Chambre en la maniere ordinaire. Et où il seroit formé aucunes Oppositions par des Particuliers à la Reception, soit des Hommages, ou des Aveux, qui se rendent en notredite Chambre, ausquelles Nous n'aurions aucun interêt, elles seront renvoyées par notredite Chambre, pardevant les Juges ordinaires, pour y être jugées.

XI.

Après le Jugement desdites Oppositions par les Juges, à qui la connoissance en appartient, sera l'Aveu déclaré reçû par Arrêt rendu sur la Requête du Vassal, & sur les Conclusions de notre Procureur Général; & sera ledit Aveu renvoyé à nos Conseillers Auditeurs, pour en être par eux délivré l'attache en la maniere accoutumée.

XII.

Dispensons nos Vassaux de la communication de leurs Requêtes, tendantes à la Réception de leurs Hommages, Aveux ou Déclarations, aux Receveurs & Controlleurs de notre Domaine, ainsi que Nous l'avions ordonné par notre Edit du mois de Décembre dernier, auquel Nous avons dérogé à cet égard seulement.

XIII.

Ne seront taxées, ni prises aucunes épices sur les Conclusions & Arrêts, qui seront rendus pour raison des Foi & Hommages, Aveux, & Dénombremens.

XIV.

Les Droits de Chambellage, dûs au premier Huissier, seront taxez au Bureau & prononcez lors de la Réception des Hommages.

XV.

Pour toutes les Expéditions, qui se feront au Greffe, sur les Requêtes de notre Procureur General, ne sera payé aucune chose.

XVI.

Et pour l'Expédition des Arrêts, qui seront obtenus & retirez par les Vassaux, sera payé pour les Droits du Greffe, la somme de trente six sols pour chacun desdits Arrêts, & pour le Controlle & Parisis à proportion, sans aucuns autres frais.

XVII.

Sera payé aux Procureurs pour chacune Requête, la somme de trente sols.

XVIII.

Aux Huissiers, sera payé pour les Significations, qui se feront dans l'enclos de la Chambre, cinq sols; Pour celles qui se feront aux domiciles des Procureurs ou des Parties, dans la Ville & Fauxbourgs de Paris, dix sols, non compris le Controlle. Si donnons en Mandement, à nos amez & feaux Conseillers, les Gens tenans notre Chambre des Comptes à Paris, que ces Presentes ils ayent à faire lire, publier & registrer, & le contenu en icelles, faire garder & exécuter, selon leur forme & teneur. Car tel est notre plaisir. En témoin dequoi, Nous avons fait mettre notre Sçel à cesdites Presentes. Donnée à Versailles, le dix-huitiéme jour de Juillet l'an de grace mil sept cent deux, & de notre Regne le soixantiéme. *Signé*, LOUIS, *Et plus bas*, Par le Roy, PHELYPAUX. Vû au Conseil, CHAMILLART.

Registrées en la Chambre des Comptes ; Ouy, & ce requerant le Procureur General du Roy, pour être exécutées selon leur forme & teneur, & Copies collationnées d'icelles, envoyées dans les Bureaux des Finances des Generalitez du Ressort de la Chambre, pour à la Requête du Procureur General du Roy, & diligence de ses Substituts esdits Bureaux des Finances, être lûes, publiées & registrées en iceux, dont ils certifieront la Chambre au mois le 19 Octobre 1702. Signé, NOBLET.

OBSERVATIONS.

De toute cette Déclaration, il n'y a proprement que l'Article 10. qui puisse interesser les Parlemens.

Celui de Paris vrai-semblablement ne s'en embarasse guere. La raison est, que ne lui ayant jamais été addressée, ni présentée, c'est une preuve que le Roy n'a pas prétendu apporter par là aucun changement à ce qui regarde sa Jurisdiction pour les matieres, qui y sont contenues.

Et en effet il lui importe peu, si la Chambre des Comptes de Paris connoît des oppositions, qui y sont formées par le Procureur General de la Chambre, ou par les Receveurs & Controlleurs du Domaine, à la réception des Hommages, & des Aveux. Car si par les Jugemens rendus par la Chambre en ces sortes de cas, les droits du Roy, ou de quelqu'autre Partie sont blessez, il est libre d'appeller au Parlement de l'exécution de ces Jugemens, à la forme du Réglement de 1520.

Les Trésoriers de France, qui sont dépouillez par cette Déclaration d'une partie de leur Jurisdiction, sont beaucoup plus interessez à la faire révoquer, en ce qui les concerne. Aussi ceux de la Generalité de Paris se sont-ils pourvûs pour cela à Sa Majesté, & ont obtenu sur leur Requête un Arrêt du 26 Juin 1703, qui leur a permis de faire assigner les Officiers de la Chambre des Comptes de Paris. Les autres Bureaux des Finances dans l'étendue de la même Chambre se sont joints à eux dans la suite. Cette Instance est actuellement pendante au Conseil, & il faut en attendre l'évenement, pour sçavoir si cette Déclaration subsistera, ou non.

Du reste elle ne peut jamais être opposée au Parlement de Bourgogne, ni aux Tresoriers de la même Province. Car la Chambre des Comptes en ayant obtenu une pareille le 9 Decembre 1702, & le Parlement s'en étant plaint à S. M. il y a eu Arrêt contradictoire donné au Conseil le 13 Octobre 1703, par lequel il a été dit, que cette Déclaration ne pourroit nuire, ni préjudicier au Parlement de Dijon.

C'est donc surabondamment, que l'on en a fait mention ici. Mais le Parlement ne veut pas qu'on lui reproche d'avoir passé sous silence les moindres Titres, & les moindres raisons de la Chambre.

EDITS, DECLARATIONS, ET ARRETS, Concernans la Jurisdiction, & compétence de la Chambre des Comptes de Dijon.

I.

DE'CLARATION DU ROY LOUIS XII. du dernier jour de Fevrier 1501.

Contenant Réglement entre le Parlement & la Chambre des Comptes de Dijon.

LOUIS par la grace de Dieu Roy de France, à tous ceux qui ces presentes Lettres verront, Salut. Comme nous avons été avertis, que combien que les Gens de la Chambre de nos Comptes de Dijon, (laquelle par nos Prédecesseurs a été créée & établie en nos Pays & Duché de Bourgogne, en telle & semblable autorité, prérogatives & préeminences, que celle de notre bonne Ville de Paris) ayent & doivent avoir la jurisdiction & connoissance en premiere Instance des causes & matieres de notre Domaine, & des Greniers à Sel, Aydes ordinaires & extraordinaires dudit Pays, pour ce qu'en icelle n'y a Elû, ne Cour des Generaux de la Justice de nosdites Aydes, comme à Paris, & autres lieux; Et pareillement doivent connoître de la vérification, expédition & entérinement des Dons & Octrois, que faisons, à eux addressans, & qui doivent par eux être expédiées ès differends & matieres de nos Duchez de Bourgogne, Comté de Maconnois, & Pays ressortissans en notredite Chambre, en la forme & maniere, qu'il se fait en notredite Chambre des Comptes à Paris; & aussi de l'audition, clôture, & affinement des comptes des Finances ordinaires de nosdits Pays, & d'autres matieres, & choses dépendantes du fait de leurdite Jurisdiction, toutesfois ils ont été, & sont souvent troublez, & empêchez, tant par notredite Cour de Parlement, Baillifs, & autres nos Officiers en icelui Pays, qui à la poursuite & importunité de plusieurs Parties entreprennent la connoissance. Ce qui ne se fait par lesdites Parties, que pour y conserver la longueur, & dissimulation, & fuir à la raison. Laquelle chose est en contre les Privileges, Autoritez, Prérogatives & Préeminences de notredite Chambre, & en notre très-grand préjudice, & dommage; & plus peut-être, se par Nous n'étoit sur ce donné provision, & fait déclaration de notre vouloir sur ce. Sçavoir faisons, que Nous les choses susdites considerées, voulans que pour le bien de Nous, notredit Domaine, & Finances, nos Officiers vivent en si bonne paix & union, que pour le débat de leur Jurisdiction, dommage & inconvenient ne Nous en puisse avenir; pour ces causes, eu sur ce conseil & avis, Avons voulu, déclaré & ordonné, Voulons, déclarons & ordonnons, & Nous plaît, de notre certaine science, pleine puissance, & autorité royale, par ces Présentes, & par forme de Statut & Edit.

I.

La Chambre des Comptes de Dijon maintenue aux droits de connoitre en premiere Instance du Domaine & des Aydes.

Que dorénavant les Gens de notredite Chambre des Comptes à Dijon, auront jurisdiction & connoissance en premiere instance des causes, & matieres de notredit Domaine, Grenier à Sel, & Aydes ordinaires, & extraordinaires desdits Pays & Duché de Bourgogne, & d'autres matieres & choses dependantes de fait de comptes, & de leurdite jurisdiction; & en jugeront, décideront, & en determineront par leur Sentences interlocutoires, & diffinitives, lesquelles sortiront leur effet.

II.

II.

Toutes voyes, ſi des Sentences deſdits Comptes étoit appellé, *en tant que touche les Procez deſdits Domaines, & de Partie à Partie*, les appellations ſeront relevées en ladite Cour de Parlement, & icelles vuidées, & determinées par Arrêt.

Et l'appel de ſes Jugemens en ces cas, & dans les Procez de Partie à Partie, eſt porté au Parlement.

III.

Et au regard des Sentences, & appointemens des afinemens, & clôture deſdits comptes, & choſes dependantes dudit fait de comptes, & autres matieres, dont en cas de debat l'on connoît en la Chambre Neutre à Paris, par aucuns de ladite Cour, & Gens des Comptes, Voulons, Déclarons, Ordonnons, & Nous plaît, de notre certaine ſcience, puiſſance, & autorité, que le ſemblable ſe faſſe, & ſoit tenu, gardé, & obſervé toutes & quantes fois, que le cas y aviendra, ou échoira, & ſoient leſdites choſes vuidées en ladite Chambre Neutre à Dijon, le tout en la forme, & maniere que ce ſoit.

En fait de ligne de compte les Arrêts de la Chambre ne ſont ſujets qu'à la reviſion.

SI DONNONS EN MANDEMENT par ces Preſentes, à nos Amez & Feaux les Gens tenans notredit Parlement, & nos Comptes audit Dijon, Baillif de Dijon, Châlon, Auxois, Autun, la Montagne, & à tous nos autres Juſticiers, & Officiers, ou à leurs Lieutenans, preſens, & à venir, ou à chacun d'eux, ſi comme à lui appartiendra, que cette preſente notre declaration, & vouloir, ils faſſent lire, publier, enregiſtrer, & icelle entretiennent, gardent & obſervent, & faſſent tenir, garder & obſerver chacun à leur égard, & en droit, de point en point, ſelon leur forme & teneur, ſans aller, ne ſouffrir aller au contraire, & ſe aucune choſe étoit faite, attentée ou innovée, le faſſent réparer, & mettre incontinent à pleine délivrance, en contraignant à ce faire, & ſouffrir tous ceux, qu'il appartiendra, & qui pour ce ſeront à contraindre. Car tel eſt notre plaiſir, nonobſtant quelconque Ordonnances, Reſcriptions, Mandemens, ou Déſenſes au contraire. DONNE' à Paris le dernier jour de Fevrier, l'an de grace mil cinq cent un, & de notre Regne le quatriéme. *Signé* ſur le repli par le Roy, GE'DOYN.

OBSERVATIONS.

Ce Réglement, lequel eſt le premier de ceux, qui ſont intervenus entre le Parlement & la Chambre des Comptes de Bourgogne, & lequel ſert de baſe aux autres, qui ſont intervenus dans la ſuite, fait naître deux réflexions importantes.

1o. *Quoiqu'il y ſoit déclaré, que cette Chambre a été établie en cette Province avec les mêmes prérogatives & autorité, que celle de Paris, la Déclaration ne laiſſe pas de mettre entr'elles une grande difference. Car en donnant à celle de Dijon une Juriſdiction ſur le Domaine, & les Aydes, que n'a pas celle de Paris, elle la rend auſſi en même temps ſubordonnée & reſſortiſſante au Parlement, comme il étoit bien raiſonnable.*

2o. *Malgré la Déclaration de 1464, dont la Chambre voudroit aujourd'hui ſe prévaloir, ce Réglement n'a pas laiſſé de décider, qu'en tous Procez du Domaine, & de Partie à Partie, les appellations des Sentences des Gens des Comptes ſeront relevées à la Cour de Parlement. Ce qui eſt d'autant plus remarquable, qu'il paroît par le préambule de cette Déclaration, qu'elle a été rendue à la pourſuite de la Chambre même.*

II.

AUTRE DE'CLARATION DU ROY FRANÇOIS I. du 7 May 1519.

Portant Reglement, en interprétation du precedent, entre le Parlement & la Chambre des Comptes de Dijon.

FRANC,OIS par la grace de Dieu Roy de France, A tous ceux, qui ces presentes Lettres verront, Salut. Comme par ci-devant nos Prédecesseurs Roys, pour entretenir la Chambre de nos Comptes de notre Pays, & Duché de Bourgogne, qui est établie en notre Ville de Dijon, en telle & semblable autorité, prérogative, & prééminence, que celle de nos Comptes à Paris, à l'instar de laquelle elle a été créée, ayant fait plusieurs Déclarations & Edits, en vertu desquels ils ont été entretenus, & ont joy desdites autoritez, & prérogatives, & prééminences, toutefois depuis n'a gueres ils ont été & sont troublez, & empêchez tant par notre Cour de Parlement, Baillifs, que autres nos Officiers en icelui Pays, pour raison de plusieurs appellations, qui se sont interjettées par aucuns Officiers Comptables, & ayans cause d'eux; lesquelles choses par ce moyen font énerver lesdits privileges, & autoritez, prérogatives, & prééminences de notredite Chambre, & en notre très-grand préjudice, & dommage; & plus seroit, se par nous n'étoit sur ce donné provision. Au moyen de quoi ayans été requis par nosdits Gens des Comptes, que pour l'entretenement d'icelle, & de leursdites autoritez, prérogatives, & prééminences, conservation de notre Domaine, Deniers, & Finances dudit Pays, Notre plaisir soit sur ce faire Déclaration de notre vouloir, Sçavoir faisons, que Nous, les choses de susdites considerées, qui Voulons pour le bien de Nous, & de nos affaires, seureté & repos de nos sujets dudit pays de Bourgogne, faire vivre nos Officiers d'icelui en si bonne paix, & union, que pour le débat de leurs Jurisdictions, dommage, & inconvénient ne vous en puisse avenir; Pour ces Causes, & *après ce que nous avons fait voir, & extraire du Greffe de notre Cour de Parlement de Paris les Ordonnances, Edits, & Déclarations faites touchant la jurisdiction & connoissance des matieres, dont nos Gens des Comptes audit pays doivent connoître, mêmement une Déclaration sur ce faite par feu notre très-cher Seigneur & Predecesseur le Roy Louis onzième*, que Dieu absolve, & eu sur ce avis avec plusieurs bons & notables personnages de notre Conseil; Avons *en suivant ladite Ordonnance & Déclaration*, voulu & déclaré, voulons, déclarons, & nous plaît.

I.

Les Arrests de la Chambre des Comptes de Dijon, en fait de ligne de compte, ne sont sujets qu'à la Révision, à la forme de l'Ordonnance de Philippe le Long de 1319.

Que s'il avient, que aucuns de nos Receveurs, ou autres, ayans eu administration de nos Deniers & Finances de notredit pays de Bourgogne, Comté de Masconnois, Auxerrois, & autres Terres, répondans en notredite Chambre des Comptes à Dijon, soit poursuivi, convenu, & appellé en ladite Chambre de nos Comptes à Dijon pour rendre compte, & que sur les difficultez, qui peuvent survenir en examinant, & clouant icelui compte, en alloüement d'acquits, des charges, ou Arrests sur aucuns articles de comptes, ès Chapitres de mise, ou de recepte, aucun apointement par nosdits Gens des Comptes soit donné, ou que aucune commission soit par eux baillée, pour recouvrer sur aucuns de nosdits Receveurs aucune somme de deniers, à cause de ce que icelui notre Receveur n'auroit d'icelle somme par lui reçue fait recepte, & couché en son compte, ou que commission soit baillée par nosdits Gens des Comptes pour adjourner aucuns de nosdits Receveurs, ou ses hoirs, pour cloure aucun compte, & que sur la procedure soit aucun appointement donné, & que des susdits apointemens, Arrests, ou Commissions, iceux Receveurs, ou leurs hoirs, eux sentans grevez, appellent, ou se deüillent, & complaignent, soit sur ledit appel, doléances, & complainte, procedé selon la forme & teneur de l'Ordonnance faite en notre Chambre des Comptes à Paris, par feu notre Prédecesseur le Roy Philippe le Long, de laquelle la teneur, extraite de notre Chambre des Comptes à Paris, s'ensuit.

Item, Nous voulons & ordonnons, que au cas que aucun se plaindroit devers Nous d'aucun griefs, ou d'aucunes Sentences, qui auroient été données contre eux en ladite Chambre, on ne donne commission, ne ne fasse l'en autres Commissaires, que de ladite Chambre; mais voulons, & Nous plait, que on preigne d'eux, ou trois, ou quatre personnes de notre Parlement, sages & souffisans, selon que les cas le requerront, qui avec les Gens de notredite Chambre soient toutesfois que métier sera. Et se on y trouve aucune chose à corriger, ou amender, qu'il soit fait en leur presence. Car ces choses de la Chambre convient-il tenir secrettes, pour échiver le mal, qui s'en pourroit ensuir, qui autrement le feroit. Car moult d'inconvenients sont aucunes fois venus du contraire.

Teneur de ladite Ordonnance.

II.

Mais s'il advient, que *en autres matieres, que reddition, & cloture de comptes, & concernant purement & directement fait de compte*, aucuns de nos sujets appellent de nosdits Gens des Comptes, & d'aucuns de leur appointement, commission, *mainmise en aucun fief & héritage, sous couleur d'hommages, & devoirs non faits*, de régale, ou autrement, & aussi d'aucun appointement donné par les Gens de nosdits Comptes sur les difficultez, qui pardevant eux se peuvent mouvoir à cause de vérification, & entérinement d'aucunes nos Lettres de Don, ou de fieffé, & accensement de fiefs & héritages, ou de reception, & institution d'Officiers, & des gages d'iceux, ou autrement, *en quelque cas que ce soit, non concernant purement ou directement reddition & clôtures de comptes* des Receptes de nosdits deniers, & Finances, comme dit est, soit la cause dudit appel introduite, decidée, & determinée en notredite Cour de Parlement de Bourgogne.

En tous autres cas les Jugemens de la Chambre sont sujets à l'appel.

Singulierement en fait de Foi & Hommage.

III.

Et pour obvier que sous ombre d'aucuns adjournemens en cas d'appel en forme commune aucune fraude soit faite contre notredite Ordonnance, voulons & ordonnons, que d'oresnavant, quand aucuns Appellans de nosdites Gens des Comptes requerra aucun adjournement en cas d'appel, il sera tenû exprimer & déclarer bien au long les griefs, dont il se dira Appellant, & que sans iceux déclarer ne soit baillé, ne octroyé aucun adjournement en cas d'appel; & si par inadvertance, ou autrement, leur étoit baillé, qu'il soit de nulle valeur & effet.

Mais les Appellans pour faire recevoir leur appel, sont tenus de déduire au long leurs griefs.

Si donnons en mandement par cesdites presentes à nosdits Conseillers les Gens tenans, & qui tiendront au temps à venir notredit Parlement, & de nosdits Comptes à Dijon, & à tous nos autres Justiciers, & Officiers, ou à leurs Lieutenans, & à chacun d'eux, si comme à lui apartiendra, que cette notre presente Ordonnance, & Déclaration ils fassent chacun en droit soi enregistrer en leur Cour, & icelle entretiennent comme dessus, gardent & observent, & fassent entretenir, garder, & observer sans en frainte selon sa forme. Car ainsi Nous plait-il être fait, nonobstant quelconques Ordonnances, Rescriptions, & Mandemens à ce contraires. DONNE' à Saint Germain en Laye le septiéme jour de May l'an de grace mil cinq cens dixneuf, de notre Regne le cinquiéme. Ainsi *signé*, sur le Repli, par le Roy, GEDOYN.

Registrata in Camera Parlamenti Burgundiæ die 27, Mensis Junii, anno Domini Millesimo Quingentesimo decimo nono, pro utendo secundùm interinationem aliàs factam super concordatis passatis inter ipsam Curiam, & Gentes Compotorum, tempore ejusdem Domini nostri Regis Ludovici Duodecimi, me presente sic, signatum A DEPREZLE.

OBSERVATIONS.

Ce Reglement ne differe en rien du précedent pour la substance, & semble n'avoir été fait, que pour marquer, qu'on ne devoit avoir aucun égard à la Déclaration de 1464, & que celle de 1461 qui fut attachée sous le contre scel, étoit la seule regle, qui devoit être suivie en Bourgogne.

Qui ne seroit surpris après cela de voir la Chambre des Comptes se prévaloir encore de la Déclaration de 1464, & refuser de suivre celle de 1461? Elle qui sollicita elle-même ce Reglement, & qui engagea de plus le Parlement, à l'enregistrer en quelque maniere malgré lui deux ans après, comme il paroît par les deux Arrèts d'enterinement, qui sont à la suite.

Il n'est donc plus douteux, que le Parlement de Dijon n'ait un droit légitime pour recevoir les appellations des Jugemens de la Chambre en toutes matiéres, qui ne concernent point le fait des Comptes, & sur tout en matieres de saisies féodales, & de contestations pour la mouvance des fiefs.

Le même Réglement prouve encore une chose très importante. C'est que ces sortes de contestations ne sont point une dépendance de la reception en foi & hommage, comme le pretend aujourd'hui la Chambre. Car alors cette reception ne lui appartenoit point, comme on le justifira dans la suite. Et cependant elle faisoit faire dès lors les saisies féodales, & jugeoit les contestations pour raison des mouvances. Ce qui prouve, qu'elle ne le faisoit, que comme ayant la jurisdiction du Domaine en premiere instance, & à la charge de l'appel au Parlement. D'où il s'en suit, qu'aujourd'hui, si elle veut connoître de ces sortes de matieres, elle ne doit pas trouver mauvais, que l'appel de ses jugemens soit porté au même Tribunal, comme il s'est toujours pratiqué.

III.

ARRET DU CONSEIL D'ETAT DU ROY du 6 Avril 1604.

Portant Réglement entre le Parlement & la Chambre des Comptes de Dijon.

SUR les remontrances faites au Roy en son Conseil par les Députez du Parlement, & Chambre des Comptes de Dijon, des differends qui sont entr'eux, à cause de leur Jurisdiction; & vû les articles & réponses sur iceux, concernans le Réglement par eux respectivement prétendu; ensemble les Edits & Réglemens anciens, Arrêts & autres pieces, qu'ils ont produites, pour obtenir à leurs fins; même les Articles accordez par le feu sieur Chancelier de Rochefort; avec les Lettres Patentes du feu Roy Louys XII. de l'an 1501, & vérification d'icelles en la Cour de Parlement de Dijon; autre Déclaration du feu Roy François I. du 7 May 1519, vérifiée audit Parlement de Dijon le 27 Juin ensuivant; Extraits de certains articles contenus ès Ordonnances des feus Rois Charles V. Charles VI. Charles VII. & Louys XI. touchant la Jurisdiction de la Chambre des Comptes de Paris; Ordonnances du feu Roi François I. de l'an 1520; Déclaration du feu Roy Charles IX. donnée à Moulins en 1566, concernant les Réglemens de la Cour de Parlement de Paris & la Chambre des Comptes dudit lieu; Lettres Patentes du feu Roy Charles, de l'an 1572; Arrêt dudit Conseil du 18 Août 1582, portant Réglement entre la Cour de Parlement de Bretagne, & la Chambre des Comptes de ladite Province; Et après que lesdits Députez ont été ouis au Conseil, & plusieurs fois par les sieurs de Châteauneuf, & de Caumartain Conseillers en icelui, & Commissaires à ce députez; Oui leur rapport, & tout consideré; Le Roy en son Conseil, a ordonné & ordonne par Réglement perpetuel, que Sa Majesté veut être gardé par ledit Parlement, & Chambre des Comptes de Dijon.

Nota. Que les Réglemens faits entre le Parlement, & la Chambre des Comptes de Paris sont visez en cet Arrêt.

I.

La Chambre est maintenue dans la connoissance du Domaine, à la Charge de l'appel au Parlement.

Que la connoissance du Domaine de Sa Majesté appartiendra *en premiere instance* à ladite Chambre des Comptes, & à ladite Cour de Parlement par prévention, privativement à tous autres Juges, en consideration mêmement que les titres d'icelui sont en ladite Chambre des Comptes; *à la charge que les appellations des Sentences, & appointemens, tant préparatoires, que définitifs, donnez en ladite Chambre des Comptes, en tous cas concernans ledit Domaine, seront jugez & décidez audit Parlement, en dernier ressort*; Et que les appellations desdits préparatoires, réparables en définitive, auront effet dévolutif, & non suspensif.

II.

Autorité de la Chambre pour la vérification des Edits, Déclarations, & Lettres Patentes.

Toutes Lettres Patentes, soient Edits, Commissions, Déclarations, & autres quelconques, concernans l'aliénation du Domaine à perpetuité, ou à temps, baux à cens, à cens, renouvellemens d'iceux, réunions, & dons d'icelui Domaine, inféodations, ou açensissement d'héritages; ventes, ou dons des coupes de bois de haute futaye, terres vaines & vagues, & generalement toutes autres, concernant ledit Domaine, seront addressées, tant à ladite *Cour de Parlement*, que *Chambre des Comptes*, pour y être vérifiées, à peine de nullité; & n'en sera l'exécution permise, sinon après la vérification faite esdites deux Compagnies. Et où, après la vérification faite audit Parlement, y auroit plaintifs & doléances, du refus, ou modification faite en ladite Chambre sur la vérification des Lettres susdites, le Jugement en sera fait par révision en Chambre Neutre. Et où il se trouveroit ci-après, qu'aucuns desdits Edits, Déclarations, & autres Lettres Patentes seroient seulement addressées à ladite Chambre des Comptes, & non audit Parlement, ladite Chambre ne pourra passer à la vérification d'icelles; ains ordonnera aux Parties de se pourvoir, & obtenir Lettres de relief d'adresse audit Parlement. Auquel étant aussi seulement adressées, & y ayant été vérifiées, il ordonnera pareillement ausdites Parties, d'obtenir pareilles Lettres d'adresse en ladite Chambre; sans que l'exécution desdits Edits, Lettres Patentes, & Arrêts sur iceux dudit Parlement puisse être permise, sinon après la vérification de ladite Chambre. Et au cas qu'icelle Chambre procedât à la vérification desdites Lettres, qui n'auroient ainsi été addressées audit Parlement, elle demeurera de nul effet, & valeur; & pour ce lesdites Parties se pourront pourvoir audit Parlement.

III.

Toutes Lettres Patentes d'amortissemens, & affranchissemens generaux, annoblissemens, péages, foires & marchez, francs-fiefs, & nouveaux acquêts, privileges accordez par le Roy aux Villes, & Communautez, & confirmation d'iceux, seront adressées, & vérifiées esdites Cour de Parlement, & Chambre des Comptes, à peine de nullité, sans que l'effet & éxécution en puisse être permise, sinon après la vérification esdites deux Compagnies. Et s'il y a plaintif du refus, modifications, ou restrictions faites par lesdits Gens des Comptes, il sera jugé par révision en ladite Chambre du Conseil, ainsi qu'il est accoutumé. Suite.

IV.

Et quand aux Lettres Patentes de légitimations, naturalitez, affranchissemens, & amortissemens particuliers, pensions, rabais, dons de finance, & d'aubeine, & bâtardises, de confiscations, échûtes, biens vacans, deshérences, & autres, concernant purement & directement les finances, elles seront seulement adressées à ladite Chambre des Comptes, & par elle vérifiées, ainsi qu'il a été fait de toute ancienneté, sans que des jugemens, définitifs, ou interlocutoires, refus ou modifications faites sur l'enterinement desdites Lettres, ou oppositions, qui pourroient sur ce intervenir, il en puisse être interjetté appel par qui que ce soit; ains en cas de plainte les Parties se pourvoiront par révision en ladite Chambre du Conseil. *Et toutesfois, si sur lesdites lettres de don d'aubeinages, bâtardises, deshérences, ou biens vacans, les héritiers présomptifs soûtenoient, que le défunt n'étoit étranger, ni bâtard, ni les biens vacans, la difficulté & opposition sera traitée en premiere instance en ladite Chambre, & par appel au Parlement.* Suite. Cas, où les Jugemens de la Chambre en fait d'Enterinement de Lettres, sont sujets à l'appel.

V.

La connoissance souveraine, & en dernier ressort, de toutes matieres concernant le fait & la jurisdiction des Aydes, apartiendra à la Cour de Parlement de Dijon en la même sorte, autorité, & prérogative, qu'elle est attribuée à la Cour des Generaux des Aydes à Paris; & ce tant pour verification de Lettres concernans lesdites Aydes, que jurisdiction contentieuse d'icelles; mêmement de toutes appellations interjettées des Grenetiers, & Controlleurs des Greniers du ressort dudit Parlement, des visiteurs de Gabelles du Sel en Bresse, & leurs Lieutenans, Elûs dudit pays, Lieutenans de la Foraine, Resve, & Haut passage, Traverse, Traite du Domaine Forain, Maîtres des Ports, Conservateurs des foires, des sur-taux des tailles, & autres subsides, circonstances & dépendances; *Comme aussi de celles, qui seront interjettées des jugemens de ladite Chambre, ès cas, esquels la connoissance du fait desdites Aydes lui est attribuée en premiere instance par le present Reglement.* Et néanmoins tous contrats de grands Le Parlement est maintenu en la jurisdiction des Aydes en dernier ressort. Même en cas des appellations interjettees des Jugemens de la Chambre des Comptes sur cette matiere.

De la vérification des Baux des Gabelles, & Lettres Patentes concernant ce fait dans les deux Compagnies.

Partis, qui se feront au Conseil d'Etat, ensemble toutes Lettres Patentes, tant celles concernant les Gabelles, & Creües, qui pourroient être mises sur le sel, que pour Octrois, qui seront accordez aux Villes, Bourgs & Communautez, & toutes autres de pareille nature & qualité seront adressées, & verifiées en ladite Cour de Parlement, & Chambre des Comptes, selon qu'il est dit ci-dessus.

VI.

Des Baux particuliers des Gabelles en Bourgogne.

Et quant aux Baux, tant generaux, que particuliers, pour le fournissement des Greniers à sel de Bourgogne, lors que Sa Majesté aura agréable qu'ils soient faits audit Pays, ils seront faits en la Chambre des Comptes par les Gens d'icelle, & le prix, que les Fermiers & Marchands desdits Greniers demanderont, sera jugé, & donné par ladite Chambre. Comme aussi, où il conviendroit surhausser, ou diminuer ledit prix du Marchand, il sera à ce procedé par ladite Chambre, ainsi qu'il est accoutumé, conformément aux Privileges dudit pays, Lettres Patentes, & Arrests dudit Conseil, & Déclaration sur ce intervenue.

VII.

Officiers des Greniers à Sel reçûs à la Chambre des Comptes.

Semblablement, en consequence desdits Privileges, Arrests, & Déclarations, & de l'ancienne usance de ladite Chambre, les Officiers des Greniers à Sel de ladite Généralité de Bourgogne seront reçûs par ladite Chambre des Comptes seulement, ainsi qu'il a été fait par le passé; comme aussi de Bresse, Beugey, Valromey, & Gex.

Et ceux des Elections au Parlement.

Et où il y auroit plaintif desdites receptions, il sera jugé *par révision* par ladite Chambre du Conseil. Et quant aux Visiteurs, leurs Lieutenans, Avocats, & Procureurs du Roy, Elûs de Bresse, & autres Officiers de Judicature esdites Elections, la réception en appartiendra à ladite Cour de Parlement.

VIII.

Jurisdiction criminelle des Gabelles attribuée à la Chambre en premiere instance.

La connoissance des abus & malversations, qui seront commises par les Adjudicataires desdits Greniers, & Fauxsonniers, apartiendra en premiere instance à ladite Chambre, par prévention avec lesdits Grenetiers, *& par appel audit Parlement*, suivant l'Ordonnance & Reglement de l'an 1501.

IX.

Tous Jugemens de la Chambre en fait de ligne de compte, sont sujets à la révision en Chambre Neutre.

Les plaintes & doléances, qui se feront ci-après par les Parties, pour raison des Ordonnances & Jugemens desdits Gens des Comptes, soit en Ligne de comptes, ou clôture d'iceux, seront jugées par révision en ladite Chambre Neutre, ou du Conseil, composée desdites deux Compagnies en égal nombre, ainsi qu'il a été fait par le passé.

X.

Suite.

La Cour de Parlement ne pourra élargir les comptables, qui auront été emprisonnez, soit pour comptes, ou pour le payement des deniers de leurs receptes, les pléges, cautions, & certificateurs, & autres à ce sujets, leur bailler main-levée des choses saisies, ni surséance de payement, à peine de nullité. Et néanmoins, où il y auroit oposition desdits Receveurs, leurs pléges, cautions, & certificateurs, ou autres emprisonnez, & executez en leurs biens, en consideration de ce qu'il y va de l'accélération des deniers de sa Majesté, qui dépend de la diligence de son Procureur General en ladite Chambre, sera ordonné que les opositions seront jugées en icelle. Et en cas de plaintes, pour ce qui aura été fait en vertu desdites Ordonnances d'icelle Chambre, l'on ne se pourra pourvoir ailleurs, que par révision en ladite Chambre du Conseil. Mais si les opositions étoient formées sur les contraintes expediées par les Tresoriers, ou Receveurs Generaux, *elles seront jugées en premiere instance en ladite Chambre, & par appel au Parlement.*

Oppositions pour contraintes expediées par les Tresoriers, ou Receveurs Généraux, portées à la Chambre, sauf l'appel au Parlement.

XI.

Et pour obvier aux diffuites, que lesdits comptables, leurs pléges, cautions, veuves, & heritiers pourroient faire, si ladite Chambre leur a ordonné de compter, s'il y en a plainte, le differend se jugera en ladite Chambre du Conseil. Où néanmoins lesdites cautions, certificateurs, veuves, & heritiers contesteroient ; prétendans lesdites veuves n'être portionnaires, pour avoir renoncé à la Communauté, & les pretendus heritiers, qu'ils ne sont heritiers ; ou bien, si ce sont mineurs, qu'ils ne sont heritiers, que par benefice d'inventaire ; ou bien qu'ils eussent obtenu Lettres de restitution contre l'addition d'heredité, d'inventaire, & autres differends tombans en jurisdiction contentieuse, *lesdites oppositions & difficultez seront jugées en premiere instance en ladite Chambre, & par appel audit Parlement.* Laquelle appellation lesdits Appellans seront tenus de faire juger dans mois ; à faute dequoi le jugement de ladite Chambre, sans préjudice desdites apellations, sera executé.

Cas, où les contestations des Cautions, Certificateurs, Veuves, & Heritiers des Comptables sont portées par appel au Parlement.

XII.

Les Procez, qui interviendront incidemment, en procedant à l'audition des comptes, pour raison des actions, & contre-Lettres, faites par les comptables, ou leurs commis, à ceux qui seront assignez sur eux, seront jugez en ladite Chambre, en la même forme, que la ligne de compte ; sauf à ceux, qui s'en plaindront, de se pourvoir par révision en ladite Chambre du Conseil. Et quant aux differends, qui interviendront avant la presentation desdits comptes, ou aprés la clôture d'iceux, *ladite Chambre en aura la connoissance en premiere instance, & l'appel relevé, & jugé au Parlement.*

Des Procez intentez à la Chambre entre les Comptables, & les Parties prenantes.

XIII.

Les oppositions, qui seront formées par aucunes Parties prenantes aux éxécutions, qui seront faites en vertu des éxécutoires de ladite Chambre, d'aucunes parties rayées en un compte, où ladite Partie prenante n'aura été ouye, soit sur le sujet de ladite radiation ou rétablissement de ladite Partie, seront jugées en ladite Chambre, & par révision en celle du Conseil. Et où ladite Partie prenante aura été ouye, & qu'il ne s'agira plus, que de contraintes, & discussion des hypotéques, *elles seront jugées en ladite Chambre des Comptes en premiere instance, suivant ledit Reglement de l'an 1501, & par appel audit Parlement.*

Suite.

XIV.

Si pour le payement des debets des comptes d'aucuns Receveurs generaux, & particuliers, Grenetiers, & autres comptables, pour raison desquels les Receveurs generaux des finances, ou des restes auront delivré leurs contraintes, il intervient quelques oppositions pour l'éxécution, saisie, ou discussion d'hypoteques, *elles seront jugées en ladite Chambre des Comptes en premiere instance, suivant le Reglement de l'an mil cinq cent un, & par appel audit Parlement.*

Exécution des Arrests de la Chambre en fait de comptes, pour raison des débets, &c. portée au Parlement par appel.

XV.

Ceux qui seront assignez par états delivrez, dressez par Sa Majesté, ou les Trésoriers Generaux de France, sur aucunes Receptes generales, ou particulieres, soit pour fiefs, ou aumônes, gages d'Officiers, rentes constituées, ou autres charges employées esdits états, se retireront pardevant lesdits Officiers, pour en avoir leurs Ordonnances & contraintes. *Et en cas de contestation lesdits assignez ne pourront convenir, ni tirer en poursuite lesdits Receveurs en premiere instance ailleurs, qu'en ladite Chambre, & par appel audit Parlement.*

Poursuites des Parties prenantes contre les Comptables, en vertu des Ordonnances des Trésoriers, traitées à la Chambre en premiere Instance, & par appel au Parlement.

XVI.

Ne seront faites aucunes Ordonnances par ladite Cour de Parlement aux Re-

Des Ordonnances, que le Parlement peut faire aux Receveurs.

ceveurs Generaux, ou particuliers, ordinaires, ou extraordinaires, pour le fait des finances, soit pour le payement des frais de Justice, ou autres, sinon jusques à la somme accordée à ladite Cour pour les menues affaires d'icelle, & de celles octroyées aux Officiers des Bailliages dudit ressort pour les frais de Justice; ains il y sera pourveu par ladite Chambre.

XVII.

Il ne connoît des Etats, & comptes des deniers imposez pour la réparation des chemins, &c.

Comme aussi ladite Cour ne prendra connoissance des états & comptes des deniers, qui ont été, & seront imposez, & levez pour la réparation des chemins, ponts, passages, rivieres, & autres quelconques; ains appartiendra à ladite Chambre seule.

XVIII.

Des comptes des deniers, provenans des amendes, & confiscations, & contestations formées à ce sujet.

Et pour le regard de ceux, qui proviendront des amendes, & confiscations des biens, adjugez à Sa Majesté, ausquels y aura Commissaires établis de l'autorité de ladite Cour, ou des Baillifs, les contentions, qui interviendront entre les veuves, & créanciers des condamnez, seront jugées par les Juges, ausquels la connoissance en appartient. Et lesdites veuves & créanciers payez, les deniers restans seront mis entre les mains des Receveurs particuliers du Domaine, qui en compteront en ladite Chambre, ainsi qu'il est accoutumé, suivant lesdites Ordonnances.

XIX.

Comment se font les instructions, & préparatoires de la Chambre de Révision.

Les instructions & préparatoires, qu'il conviendra faire ès Procez & matieres de ladite Chambre du Conseil, se feront, ainsi qu'il a été ci devant fait, par l'avis & resolution desdites deux Compagnies, ou par ceux, qui seront commis en égal nombre, tant dudit Parlement, que Chambre des Comptes.

XX.

Comment procéder sur les denis de renvoi de la Chambre des Comptes, en cas d incompétence proposée.

Et où des choses, qui se traiteront en ladite Chambre des Comptes, sujettes à révision en la Chambre du Conseil, aucunes Parties demanderoient être renvoyées pardevant autres Juges, prétendans ladite Chambre être incompétante; du renvoi, ou refus, qui en sera fait, s'il y a plaintes, ou doléances, elles seront jugées en ladite Chambre du Conseil, suivant le Reglement de l'an mil cinq cent un. *Et quant aux autres matieres, esquelles ladite Chambre des Comptes est appellable, les appellations, qui seront interjettées des Sentences données par ladite Chambre sur l'incompétence, ou renvoi requis, seront jugées Parlement.*

XXI.

Jurisdiction de la Chambre en matiere criminelle.

Ou de discipline sur ses Officiers.

Quant aux Procez criminels, qui interviendront en ladite Chambre, l'Ordonnance du Roy Charles IX. de l'an mil cinq cent soixante-sept sera gardée. Et pour le regard des Officiers de ladite Chambre, l'Edit de l'an mil cinq cent vingt sera suivi, pour le Jugement desdits Procez criminels, sinon en ce qu'il se trouveroit y avoir été dérogé par autre Edit posterieur, verifié audit Parlement.

XXII.

L'instance en révision n'empêche l'execution des Jugemens de la Chambre.

La proposition de toutes lesquelles révisions ès cas susdits, & autres portez par les Ordonnances, ne pourra empêcher, ne retarder l'éxécution réelle des Jugemens de ladite Chambre des Comptes. A l'effet dequoi seront faites défenses, tant aux Maîtres des Requêtes, que Garde des sceaux de la Chancellerie du Parlement à Dijon, d'expedier aucuns reliefs d'appel des Jugemens de ladite Chambre des Comptes, ès cas susdits sujets à révision, aux peines portées par les Ordonnances.

Et comment doivent être intitulez lesdits Jugemens.

Et poura ladite Chambre nommer & intituler ses Jugemens, ès cas susdits sujets à révision en Chambre Neutre, tout ainsi, & en la même forme, qu'il est permis à la Chambre des Comptes de Paris de nommer & intituler les siens.

XXIII.

Les Présidens, Maîtres ordinaires & extraordinaires, Correcteurs, Auditeurs, Avocats & Procureurs Generaux de ladite Chambre seront intitulez par la Cour de Parlement en leurs Arrêts, & par les Gens des Requêtes du Palais à Dijon, Conseillers du Roy, comme il se fait aux autres Cours de Parlement de ce Royaume.

Officiers de la Chambre qualifiez Conseillers du Roy.

XXIV.

Après les Edits & Déclarations, qui seront adressées esdites deux Compagnies, auront été vérifiées audit Parlement, le Greffier d'icelui, ou son Commis, en avertira le Procureur General de ladite Chambre, qui les fera retirer, pour les y présenter, & en demander la vérification.

Vérification des Edits, &c. comment se fait à la Chambre, après avoir été faite au Parlement.

XXV.

Et afin qu'il ne reste aucun sujet, qui puisse tant soit peu altérer la bonne intelligence & union, que Sa Majesté desire, & recommande à ladite Cour de Parlement, & Chambre des Comptes de Dijon, Elle ordonne, que ladite Cour de Parlement ne prendra aucune connoissance des emprisonnemens, exécutions, & contraintes, qui seront faites pour le payement des droits, tant d'épices, qu'autres de ladite Chambre. Ains, en cas qu'aucuns se pourvussent par Requête, ou autrement, à ladite Cour, elle les renvoyera en ladite Chambre des Comptes, pour y être jugez, ainsi qu'il appartiendra, & qu'il a été fait par le passé.

Le Parlement ne connoitra des poursuites pour le payement des épices, & autres droits de la Chambre.

XXVI.

Et au surplus ne pourra ladite Chambre prendre aucune connoissance contentieuse d'autres causes & matieres, que celles, qui lui sont attribuées par le present Reglement.

Elle ne doit conoitre d'aucunes matieres contentieuses, que de celles, qui lui sont attribuées par le present Réglement.

XXVII.

Tous Arrêts & Jugemens desdits Parlement & Chambre des Comptes, donnez sur le differend, qu'ils ont eu ci devant ensemble à cause de leur Jurisdiction, même ceux des 20 Decembre 1603, & 8 Janvier dernier, sont déclarez nuls, & comme non avenus; Et Sa Majesté, pour aucunes causes & considerations, a évoqué à soi, & à son Conseil les Procez pendans entre les Parties, tant en ladite Cour de Parlement de Dijon, Parlement de Grenoble, que Chambre des Comptes dudit Dijon, pour raison de ce.

Le Roy annulle quelques Arrêts, & jugemens rendus par les deux Compagnies sur le fait de leur Jurisdiction.

XXVIII.

Et pour le regard de l'ordre, & séance prétendue par les Officiers de ladite Chambre ès assemblées publiques, lorsque les deux Compagnies se trouvent ensemble, ou quand les Officiers d'icelles se rencontrent séparément & en particulier, même des Presidens de ladite Chambre avec les Conseillers dudit Parlement, & des Maîtres des Comptes avec les Gens du Roy d'icelui Parlement, Sa Majesté a ordonné & ordonne, avant qu'y faire droit, qu'il sera informé de l'ordre & usance, qui a été suivi entr'eux jusqu'à present, tant en public, qu'en particulier, par Commissaire, qu'elle députera à cet effet, pour ladite information faite, rapportée, & vûë aud. Conseil, y être pourvû ainsi qu'il appartiendra. Fait au Conseil d'Etat du Roy tenu à Paris le sixiéme jour d'Avril, mil six cent quatre. *Signé*, L'HUILLIER.

Du Rang entre les deux Compagnies, & les Officiers d'icelles.

HENRY, par la grace de Dieu Roy de France & de Navarre, à nos amez & feaux Conseillers, les Gens tenans notre Cour de Parlement, & Chambre des Comptes en Bourgogne établis à Dijon, Salut. Sur les remontrances, qui Nous ont été faites en notre Conseil d'Etat par vos Députez des differends, qui sont entre notredite Cour de Parlement, & Chambre des Comptes à cause de votre Jurisdiction; & aprés avoir fait voir les articles, & réponses sur iceux, consernans le Reglement par vous respectivement prétendu, ensemble les Edits & Réglemens anciens, Arrêts, & autres pieces produites par vosdits Deputez, & eux oüis par plusieurs fois, Nous avons cejourd'huy donné en notredit Conseil l'Arrêt ci-attaché sous le Contre-sçel de notre Chancellerie, portant Réglement entre notredite Cour de Parlement, & Chambre des Comptes, lequel Nous voulons, vous mandons, & très-expressément enjoignons à chacun de vous, faire lire, publier, enregistrer, & le contenu d'icelui garder, entretenir & observer respectivement, sans y contrevenir en quelque sorte & maniere que ce soit. Car tel est notre plaisir. DONNE' à Paris le sixiéme jour d'Avril, l'an de grace mil six cent quatre, & de notre regne le quinziéme. *Signé*, Par le Roy en son Conseil. L'HUILLIER.

Registré, ouy le Procureur General, à Dijon en Parlement le quinziéme Juillet mil six cens quatre.

OBSERVATIONS.

Cet Arrest, qui peut passer pour un Chef d'œuvre en son genre, avoit réglé avec tant de sagesse, de précision, & de prévoyance toutes les difficultez, qui pourroient naître à jamais entre les deux Compagnies, qu'il paroissoit difficile, qu'il en survint à l'avenir.

En effet, il avoit condamné pour une troisiéme fois la prétention frivole de la Chambre des Comptes de Bourgogne, qu'on devoit suivre en cette Province la Déclaration de 1464. & qu'il n'étoit permis en aucun cas d'appeller de ses Jugemens. Il devoit de plus faire perdre à la Chambre l'idée, dont elle se flatte, qu'étant établie à l'instar de celle de Paris, on doit se conformer, à son égard aux Réglemens de 1520, & de 1566, lesquels avoient été faits pour cette derniere. Car encore qu'ils soient visez l'un & l'autre dans l'Arrest de 1604. Il n'a pas laissé de décider, que la Chambre des Comptes de Dijon devoit suivre, non ces Réglemens, mais ceux de 1501, & de 1519, qui avoient été rendus pour elle en particulier, & qu'il y avoit beaucoup de cas, où l'on pouvoit appeller au Parlement des Jugemens de cette Chambre.

Parmi ces cas l'article I. du Réglement de 1604. a compris tous les Procez concernant le domaine du Roy. Il y a donc compris tacitement les combats de Fiefs, & les commises, où S. M. peut être interessée; puisque ces sortes d'affaires font partie de la jurisdiction du Domaine, ainsi qu'on l'a montré ci-dessus.

Il y a même sur cela un argument sans réplique. Par l'Art. 26. du même Réglement il est porté, que la Chambre ne pourra prendre aucune connoissance contentieuse d'autres causes, & matieres, que de celles, qui lui sont attribuées par ledit Réglement. Or on n'y trouve pas un seul mot, qui lui attribue la connoissance des combats de Fief, & des Commises. Ainsi, ou elle n'a aucune jurisdiction sur ce fait; ou si elle a droit de la prétendre, ce n'est qu'en vertu de l'Article I. du Réglement, qui lui donne la jurisdiction du Domaine en premiere Instance, & à la charge de l'appel au Parlement.

Si cela avoit pû être douteux, la Chambre n'auroit pas manqué d'en former la difficulté dans le cours du grand Procès, sur lequel intervint ce Réglement. Car le Parlement avoit reçu par plusieurs Arrests des appellations des Jugemens de la Chambre en fait de mouvance, & de commise féodale. Il les a produit en la presente instance, & deux entr'autres, d'autant plus remarquables, qu'ils furent rendus les 29 Juillet, & 7 Aoust 1603, & par consequent peu de mois avant celui du Conseil. Si donc en cela le Parlement avoit entrepris sur l'autorité de la Chambre, qui doute qu'elle ne s'en fût plainte au Procès, qu'elle avoit avec le Parlement? Et si elle n'osa le faire alors, quel prétexte a-t-elle, pour oser le faire aujourd'hui?

L'Arrest de 1604 régla presque toutes les autres difficultez, que la Chambre des Comptes juge à propos de renouveller encore. Le Parlement l'a suffisamment établi par ses differents écrits. Ici l'on s'attache seulement à prouver deux choses. L'une, que malgré l'instar prétendu de la Chambre des Comptes de Dijon avec celle de Paris, les Jugemens de la premiere ont été toujours déclarez sujets à l'apel au Parlement en plusieurs cas. L'autre, qu'au nombre de ces cas l'on n'a jamais fait difficulté de compter les Procez pour Commise, ou pour mouvance féodale.

La Chambre des Comptes, qui voit sa condamnation écrite dans l'Arrest de 1604. fait tous ses efforts, pour persuader qu'il a été révoqué en tout par les Edits de 1626, & de 1630, qui ont été faits pour lui ôter la connoissance du Domaine, & des Aydes; & par consequent qu'on ne doit point s'y arrêter.

Quand il faudroit lui passer ce point, qu'y gagneroit-elle? Ces Edits n'ont certainement pas révoqué les Réglemens de 1501, & de 1519. C'est donc à eux, qu'il faudroit recourir, si celui de 1604, ne subsistoit plus. Or ils ne condamnent pas moins les prétentions de la Chambre, comme on la vû ci-dessus.

Mais c'est une illusion d'avancer, que l'Arrest de 1604, ait été révoqué pour le tout par les Edits de 1626, & de 1630.

Par le premier, qui a interdit la connoissance du Domaine à la Chambre des Comptes, en lui attribuant la Cour des Aydes en dernier ressort, il est dit à la fin, que c'est nonobstant, & sans s'arrêter au Reglement du 6 Avril 1604, lequel pour les considerations susdites demeure révoqué, en ce qu'il pourroit être contraire au present Edit. *Or ces mêmes termes prouvent, qu'il ne l'étoit pas en tout le reste de ses dispositions. Cela ne merite pas un plus long discours.*

L'Edit de 1630, qui révoque celui de 1626, pour rendre au Parlement la Cour des Aydes, parle en deux endroits du même Réglement. Dans le premier il semble à la verité le révoquer purement & simplement. Mais le second restraint nettement cette révocation à ce qui peut être contraire au contenu en ces presentes. *C'est le stile ordinaire.*

De plus ces Edits n'ont été faits, que pour oster à la Chambre des Comptes la connoissance, qu'elle avoit eu jusques-là, du Domaine, & des Aydes en premiere instance, & nullement pour renverser ce qui avoit été reglé entre les deux Compagnies sur les autres matieres. Il seroit absurde de le penser autrement, & que l'ordre établi avec tant de soin par divers articles de ce Reglement, pour la vérification des Edits & Lettres Patentes, pour la Jurisdiction criminelle de la Chambre, pour la forme de procéder en la Chambre de Révision, &c. eût été détruit en un instant par des Edits, qui n'avoient aucun raport avec ces sortes d'affaires.

Si ces Articles étoient révoquez, il faudroit donc les juger de nouveau, & rentrer dans un grand Procès, pour parvenir à une décision, qui ne pouroit jamais être plus sage, & plus mesurée, que celle de cet Arrêt.

Cette pretendue Révocation du Réglement de 1604, n'a été imaginée par la Chambre des Comptes, que depuis qu'elle a reconnu sa cause déplorée. Car l'on a des preuves incontestables, que posterieurement à 1630, elle en a reconnu l'autorité, & que même elle a bien sçu la faire valoir en sa faveur, quand l'occasion s'en est presentée.

En effet le sieur Hector Joli, l'un des plus Anciens & des plus habiles Officiers de cette Chambre, ayant fait imprimer en 1640, un Traité, de la Chambre des Comptes de Dijon, *dont il donna une seconde édition en 1653, sous les yeux, & de l'aveu sans doute de sa Compagnie, y employe perpetuellement l'Arrêt de 1604, pour prouver l'étendue de la jurisdiction, & des prérogatives de la Chambre. Il faut voir ce qu'il en dit pag. 34. 37. 46. 83. 86. & 97, de la derniere édition. On y trouvera par tout ce Réglement cité, comme une Loi reconnue & observée par la Chambre sur plusieurs articles long-temps aprés les Edits de 1626. & de 1630.*

Une autre preuve encore plus forte de ce fait, c'est que dans la contestation, que la même Chambre eut en 1701. contre les Officiers de quelques Greniers à Sel de Bourgogne, pour les obliger à se faire recevoir chez elle, l'une des principales pieces, qu'elle produisit contr'eux, fut l'Article 7 du Réglement de 1604. Il est visé pag. 9 de l'imprimé de l'Arrêt du Conseil du 3 May 1701. qui fut rendu sur cette contestation, & que la Chambre a produit au present Procès.

Mais ce qui paroîtra sans doute bien plus singulier, c'est que dans ce même Procès, où quand elle est pressée par ce Réglement, elle soutient qu'il a été anéanti, elle en employe un Article, pour tâcher d'établir, qu'on ne peut refuser à ses Gens du Roy la qualité d'Avocats & de Procureur Generaux. On sera sans doute étonné de voir la Chambre des Comptes si peu d'accord avec elle même. Mais c'est ainsi que la verité se fait jour à travers les nuages, dont on voudroit l'obscurcir. Qu'elle demeure donc enfin pour constante entre les Parties, cette vérité, que le Réglement de 1604, est encore aujourd'hui la Loi, qu'elles doivent suivre dans tous les Articles, qui n'ont point été révoquez par les deux Edits, qu'on a citez.

Au Sac cotté i. de la production de la Chambre des Comptes.

Que si l'on demande quels sont ces Articles, il est aisé de répondre.

L'Edit de 1626 a revoqué toutes les dispositions de ce Réglement, où la connoissance du Domaine étoit attribuée à la Chambre, sauf l'appel au Parlement.

Et celui de 1630. a fait la même chose à l'égard des Articles, qui avoient attribué la jurisdiction des Aydes à la Chambre sous la même condition.

D'où il s'ensuit, que la Chambre doit s'abstenir de connoître d'aucunes de ces matieres; ou ne pas trouver mauvais, si le Parlement exerce le droit, qu'il a eu dans tous les tems, de recevoir l'appel de ses Jugemens en ces sortes de cas.

IV.

EDIT

du mois de Juillet 1626.

Qui attribue la Cour des Aydes à la Chambre des Comptes de Dijon, & qui lui interdit la connoissance du Domaine du Roy.

LOUIS &c. SÇAVOIR FAISONS, que de l'avis de la Reine notre trés-honorée Dame & mere, de plusieurs Princes de notre Sang, Officiers de notre Couronne, & autres Grands & Notables personnages de notre Conseil, & de notre certaine science, pleine puissance, & autorité Royale, Avons par cetuy notre present Edit perpetuel, & irrevocable, dit, statué, & ordonné, Disons, Statuons, & Ordonnons, Voulons, & nous plaît, que d'orénavant, & à toujours, la Souveraine & entiere connoissance, & jurisdiction de nos Aydes, Tailles, Subsides, Octrois, Décimes, subventions, Gabelles, & Greniers à Sel, Traites Foraines & Domaniales, Elections, & autres matieres generalement quelconques, concernant le fait de nosdites Aydes, en nos pays & Duchez de Bourgogne, Bresse, Beugey, Valromey, & Gex, appartiennent à notredite Chambre des Comptes de Bourgogne seule, pour être & tenir lieu de Cour de nos Comptes, & Finances, audit pays, &c.

Et en tant que touche la connoissance de notre Domaine, ci-devant attribuée en premiere instance à notredite Chambre des Comptes, Nous leur avons ôté, & d'icelui interdit la connoissance, *pour l'attribuer ci-après aux Officiers, que nous jugerons plus convenables à cet effet pour le bien de la justice, demeurant la connoissance d'icelui par appel à notredite Cour de Parlement, comme elle a été ci-devant*, fors, & excepté pour ce qui regarde la reception des Receveurs, & Contrôleurs, & autres Officiers de notredit Domaine, qui demeurera par exprès reservée à notredite Cour des Comptes, Aydes, & Finances de Bourgogne, *ensemble la reception des Foy & Hommages, Aveux, & Denombremens, ainsi qu'il est observé en notredite Chambre des Comptes de Paris, & a été par le passé en notredite Cour des Comptes*, Aydes, & Finances de Bourgogne.

Pourra ladite Chambre & Cour des Comptes, Aydes, & Finances prononcer en ce quelle ordonnera par ses Arrêts, *La Chambre*, ou *La Cour*, selon le sujet dont il s'agira, &c.

Si Donnons en Mandement à notre très cher & féal Conseiller Garde des sceaux de France, le sieur de Marillac, que celui notre present Edit il fasse lire, & publier le sceau tenant, & regiſtrer ès regiſtres de la grande Audience de France, & du contenu en icelui jouir, & user notredite Cour des Comptes, Aydes, & Finances de Bourgogne, ausquels & à nos aussi Amez & feaux Conseillers les Tresoriers de France, & Generaux des Finances en ladite Generalité Nous Mandons regiſtrer le present Edit, & le contenu en icelui garder, & observer de point en point selon sa forme & teneur, sans souffrir qu'il y soit contrevenu, *nonobstant & sans s'arrêter au Réglement fait en notre Conseil le 6 Avril 1604, entre nosdites Cours de Parlement & Chambre des Comptes, lequel pour les considerations susdites nous avons revoqué, & revoquons, en ce qu'il pourroit être contraire au present* Edit. Mandons, &c.

DONNE' à Nantes au mois de Juillet l'an de grace 1626, & de notre regne le 17. *Signé* LOUIS, & plus bas, par le Roy, POITIER. Et regiſtrée en la Chambre des Comptes le 26 Août suivant.

OBSERVATIONS.

Cet Edit, dont la Chambre des Comptes, voudroit se prévaloir, est absolument opposé aux prétentions, qu'elle a aujourd'hui.

1°. L'on a montré ci-dessus, qu'il ne revoquoit le Réglement de 1604, qu'en ce qu'il étoit contraire

contraire aux dispositions de l'Edit même. Les termes y sont précis, & valent une confirmation expresse du surplus du Réglement.

2° Il interdit à la Chambre la connoissance du Domaine, & par consequent de tous les droits, qui en dépendent, tels que sont sans difficulté les Mouvances, & les Commises des fiéfs. Il ne lui reste donc plus de titre, pour connoître de ces matières.

3°. En reservant à la Chambre la réception des Foi & Hommages, Aveux & Dénombremens, l'Edit ajoute, que c'est pour en user, ainsi qu'il a été fait par le passé. En sorte que, quand il seroit vrai, que les contestations sur les Mouvances, & sur les Commises, seroient une dépendance des Réceptions de Foy & Hommages, comme avant 1626 la Chambre n'avoit jugé ces sortes d'affaires, qu'à la charge de l'appel au Parlement, suivant les preuves, qu'on en raportera ci après, il s'ensuit que par cet Edit l[illegible] choses sont restées sur le même pied.

4°. Encore que l'Edit interdise à la Chambre la connoissance du Domaine, il faut remarquer, qu'il ne l'attribue à aucun autre Juge en premiere Instance Il porte au contraire, que c'est pour l'attribuer ci-après aux Officiers, que S. M. jugera plus convenables.

On voit par là que dès lors le Roy avoit dessein d'attribuer cette jurisdiction aux Tresoriers de France, comme en effet S. M. le fit par son Edit du mois d'Avril 1627.

Mais il arriva, que ce dernier Edit ne fut point alors envoyé en Bourgogne; soit que les Tresoriers de cette Généralité ne voulussent point s'en servir, soit pour quelqu'autre raison inconnue. Desorte qu'il n'a été reçu en cette Province, qu'en consequence de la Déclaration du 2 Octobre 1703.

La Chambre des Comptes, toujours attentive à profiter des conjonctures, ne manqua pas de se servir utilement de celle-ci. Comme elle vit, qu'il n'y avoit en Bourgogne aucuns Juges, à qui fût attribuée cette jurisdiction, que l'Edit de 1626 venoit de lui ôter, elle tâcha, autant qu'elle put, de s'en conserver l'exercice. En quoi elle trouva d'autant moins d'obstacles, que le Parlement ne vouloit point reconnoître cet Edit, lequel ne lui avoit jamais été adressé; qu'il en obtint quatre ans après la révocation; & qu'il lui étoit d'ailleurs assez indifferent, à qui appartint la connoissance du Domaine en premiere Instance, puisqu'il en avoit le dernier ressort.

Que la Chambre des Comptes ait continué de connoître du Domaine depuis 1626, c'est un fait aisé à prouver.

Le sieur Me des Comptes Joly, l'atteste en plusieurs endroits de son traité, de la Chambre des Comptes de Dijon, *imprimé près de trente ans après.*

Ladite Chambre, *dit-il*, connoît du sacré Domaine de la Courone, & du Roy, & de toute autre nature de Droits, & deniers Royaux. Pag. 79 de l'Edit de 1653.

Et peu après: Les affaires, concernant le Domaine de S. M. s'adressent, passent, & se jugent toujours à ladite Chambre. *Ibid.* pag. 83.

Et ailleurs encore d'une maniere plus circonstanciée : A cette Chambre apartient aussi la connoissance des droits d'Indemnitez, des Aubaines, Bastardises, Espaves, & Confiscations, Amendes & Desherences, Profits féodaux, Commises, & Main-mises, Saisies de terres & Seigneuries, demandées & poursuivies par le Procureur Général, &c. *Ibid.* pag. 95.

Qu'on compare cet endroit avec l'Edit de 1627, qui est imprimé ci-dessus pag. 19. on verra, que ces matieres sont précisément les mêmes, que celles, qui avoient été attribuées aux Tresoriers par cet Edit. Ce qui ne permet pas de douter, que la Chambre n'ait conservé cette jurisdiction, tant qu'elle en a trouvé l'occasion, malgré l'Edit de 1626, qui sur ce point n'a jamais eu d'exécution.

Il seroit facile au Parlement de raporter plusieurs preuves de ce fait. La Chambre des Comptes en a fourni une elle-même, en produisant son Jugement du 10 Mars 1673, sur une adjudication de lods & ventes, prétendus par la Princesse Palatine, comme Donnataire du Roy, pour établir, que ces sortes d'affaires étoient de sa compétence.

Mais il y a plus. La Chambre des Comptes de Dijon en a donné des Certificats formels à celle de Dauphiné, lorsque cette derniere plaidoit contre le Parlement, & les Tresoriers de France de la même Province. Les Certificats sont visez pag. 62. de l'Arrest du Conseil du 6 Octobre 1691. qui intervint entre ces Compagnies. En voicy les termes. L'imprimé en été a produit au Procès par les Tresoriers.

Certificat du Greffier de la Chambre des Comptes de Bourgogne du 28 May 1686, que ladite Chambre a été de tout temps en possession de procéder à l'adjudication des Lods & ventes, Quints, Requints, Rachats, Commises, Main-mises, Droits d'Aubaine, Bâtardises, Deshérences, Legitimations, Indemnitez, &c.

Autre Certificat du sieur Procureur Général en ladite Chambre des Comptes de Dijon du 4 Avril 1686, conforme au pércédent.

Voilà donc les Officiers de cette Chambre convaincus par leurs propres bouches, que soixante ans après l'Edit de 1626, ils connoissoient encore des Procez concernant le Domaine. Et cela étant il ne faut pas s'étonner, s'ils ont produit quelques jugemens, où ils ont prononcé sur des contestations pour Mouvances, ou Commises féodales.

Ce qui doit surprendre, & qu'on auroit peine à croire, si on ne l'avoit vû, c'est que par les mêmes Certificats ils ayent osé avancer, qu'ils étoient de tout temps en possession de juger ces sortes d'affaires en dernier ressort.

Qu'ils les ayent jugées, on le leur passe sans peine. Mais que ce soit sans appel, où en est la preuve? Par le Réglement de 1604, ils n'en connoissoient qu'en première instance. Par l'Edit de 1626, la connoissance totale leur en a été interdite. Quel Titre posterieur leur en a donc donné le dernier ressort? C'est un éclaircissement, qu'ils doivent au Public, s'ils veulent desormais conserver quelque crédit à leurs Certificats.

V.

EDIT

du mois d'Avril 1630.

Portant réunion de la Cour des Aydes au Parlement de Dijon, & révocation de l'Edit de 1626.

LOUIS, par la Grace de Dieu Roy de France & Navarre, A tous presens & avenir SALUT. Comme pour faire cesser les differends, qui étoient entre nos Officiers de notre Cour de Parlement de Bourgogne, & ceux de notre Chambre des Comptes dudit pays, au fait de la Juridiction de nos Aydes en notre Province de Bourgogne, au ressort de notre Parlement, Nous aurions créé, & établi par notre Edit du mois de Juillet 1626, en notre-dite Province, une Cour des Aydes & Finances avec tel pouvoir, prééminence, & autorité, que notre Cour des Aydes de Paris, & autres de notre Royaume, & icelle unie, & incorporée à notre Chambre des Comptes dudit pays. Mais l'experience nous ayant depuis fait connoître, que cet établissement nouveau, au lieu de faire cesser le mal, & les differends desdites Compagnies, les auroit accrûs & aigris davantage; dont nos sujets recevoient journellement par telles contestations de grands frais, & vexations en leurs personnes, & biens. Ce que nous ayant été represente en notre Conseil, & que notredit Parlement étoit en possession, dès sa premiere creation, & institution, de ladite Jurisdiction des Aydes, qui lui auroit été confirmée par les Rois nos predecesseurs, & nous; en l'administration de laquelle nous aurions toujours reçû le contentement & satisfaction, que nous pouvions desirer de bons & loyaux Officiers; Nous, voulans témoigner ausdits Officiers de notre Cour de Parlement, combien nous sommes portez à les conserver, & maintenir, en la Jurisdiction entiere desdits Aydes, bien memoratifs des services, qu'ils nous ont rendus, & ausdits Rois nos predecesseurs en toutes occasions, où ils ont courageusement exposé leurs vies & biens, dont nous avons entiere satisfaction; pour d'autant plus les obliger à continuer lesdits services, A CES CAUSES, sçavoir faisons, qu'après avoir mis cette affaire en déliberation en notre Conseil, où étoit la Reine, notre très-honorée Dame & Mere, & autres Princes, & Seigneurs, Grands & Notables Personnages, de l'avis d'icelui, & de notre certaine science, pleine puissance, & autorité Royale:

Révocation du Réglement de 1604. Mais ce n'est, qu'en ce qui pourroit être contraire aux Presentes. V. *la derniere Clause.*

Nous avons par cettuy notre present Edit, perpétuel & irrévocable, révoqué, & *révoquons notredit Edit du mois de Juillet 1626, portant attribution de ladite Jurisdiction des Aydes à notredite Chambre des Comptes de Dijon, ensemble le Réglement fait en notre Conseil en l'an 1604*, entre nosdits Officiers dudit Parlement, & Chambre des Comptes de Dijon.

Affaires attribuées à la Cour des Aydes.

Et par ces Présentes attribué, & attribuons à notredite Cour de Parlement toute Cour, Juridiction, & connoissance en dernier ressort des differends, de ce qui dépend entierement du fait de nos Aydes, Tailles, Taillon, Gabelles, & Finances,

Traites foraines, & Domaniales, Levées de deniers ordinaires, & extraordinaires, Domaines, Péages, Subsides, Octrois, Subventions, Elections, Greniers à Sel, Fournissement d'iceux, Compositions, Equivalens, Dons gratuits, Etapes, Munitions, Avitaillement de Places, Fortifications d'icelles, Deniers communs, Emprunts.

Et en premiere instance desdits differends, pour raison des Finances, dont l'audition appartient à notre Chambre des Comptes, des debats des exécutions, *tant des Arrêts & Jugemens de ladite Chambre des Comptes*; que des Trésoriers Generaux de France en notredite Province de Bourgogne; & de toutes autres matieres, dont nos Cours des Aydes de Paris, & autres de notre Royaume, connoissent en premiere instance.

Entr'autres les exécutions des Jugemens de la Chambre des Comptes, & des Trésoriers.

De l'Enregistrement des Edits de créations d'Elûs, Officiers de Gabelles, *Réceptions d'iceux, même de ceux de nos Elections de Mâcon, Auxerre, & Bar sur-Seine, qui avoient accoutumé d'être reçûs en notredite Chambre des Comptes de Bourgogne, en ladite qualité de Cour des Aydes*, & appellations des jugemens desdits Officiers étans du ressort de notredit Parlement.

Officiers des Elections reçûs à la Cour des Aydes.

Et de tous Procez meus & à mouvoir, pour raison des Pensions, Dons, Récompenses, Passeports, Associations faites entre nos Fermiers, & Receveurs associez, & autres personnes generalement quelconques pour les cas ci-dessus.

Autres affaires attribuées à la Cour des Aydes.

De l'effet, validité, ou invalidité des Privileges attribuez à tous Officiers, & même de ceux, qui ont été, ou seront concédez aux Villes, Bourgs, Villages, & Communautez de notredite Province, au ressort de notre Parlement, ou autres personnes généralement quelconques.

Suite.

Des Cottisations des Taxes faites des Fiefs, & Arrier-Fiefs, sujets à l'Arriere-ban; des Exemptions des Tailles, & Cottisations ordinaires, & extraordinaires.

Suite.

Et généralement telle & semblable onnoissance, qui a été attribuée à nos Cours des Aydes de notre Royaume par les Edits de leurs Créations, Réglemens, Arrêts, & Déclarations intervenus depuis les établissemens d'icelles, suivant lesquels nous voulons, que notredite Cour connoisse ci-après, juge, & décide souverainement de tous Procez civils, & criminels, mûs & à mouvoir pour raison tant desdits cas, que de toutes autres choses, dont la connoissance appartient à nos Cours des Aydes, nonobstant qu'elles ne soient ici spécifiées & exprimées, en interdisant la connoissance à tous nos autres Juges, même à notredite Chambre des Comptes de Bourgogne, *nonobstant toutes Ordonnances, Edits, Déclarations, & Réglemens, même celui de l'année 1604, en ce qui peut être contraire au contenu en ces Presentes*, Concordats, Transactions, Us, Coutumes, Statuts, & Arrêts à ce contraires, ausquels par ces Présentes Nous dérogeons pour ce regard, & aux dérogatoires des dérogatoires y contenus, &c.

Suite.

En quoi le Réglement de 1604, est révoqué par le present Edit.

Si donnons en Mandement à nos amez & féaux Conseillers, les Gens tenans nos Cours de Parlement, & des Aydes à Dijon, Chambre de nos Comptes, Présidens & Trésoriers Generaux de France audit lieu, que le present Edit ils fassent lire, publier, & registrer purement & simplement, selon sa forme & teneur, sans y contrevenir en quelque sorte, ou maniere que ce soit. Car tel est notre plaisir. Et afin que ce soit chose ferme & stable à toujours, Nous avons fait mettre & apposer à icelui notre Sçel, sauf en autre chose notre droit, & l'autrui en toutes. DONNE' à Dijon au mois d'Avril l'an de grace 1630, & de notre regne le 20. *Signé*, LOUIS. *Et plus bas*; Par le Roy, PHELYPEAUX. Scellé du grand Sçeau de cire verte, en lacs de soye verte & rouge.

La Cour a ordonné & ordonne que sur le present Edit, seront mis ces mots: Lû, publié, registré, oui, & ce requerant le Procureur General du Roy, à la diligence duquel les copies seront envoyées par tous les Bailliages, Présidial, Greniers à Sel, Siéges des Elections, & autres de ce ressort, pour y être lû, publié, & registré, à ce qu'aucun n'en prétende cause d'ignorance. A Dijon en Parlement 29 Avril 1630.

OBSERVATIONS.

La premiere chose à remarquer en cet Edit, c'est qu'il ne révoque le Réglement de 1604. qu'en ce qui peut être contraire au contenu de l'Edit, comme il a déja été observé ci-dessus. Ainsi l'effet de cette révocation, a été uniquement d'ôter à la Chambre des Comptes toute connoissance des affaires d'Aydes, & de laisser subsister pour le reste les dispositions du Réglement.

En second lieu, l'Edit attribue au Parlement, comme Cour des Aydes, la connoissance des debats des éxécutions des Arrêts & Jugemens de la Chambre des Comptes. Ce qui prouve, qu'elle s'arroge aujourd'hui mal à propos l'éxécution de ses Jugemens. C'est l'un des chefs du Procès.

En troisiéme lieu il ordonne, que le Parlement aura désormais la Réception des Officiers des Elections, qui avoient auparavant accoutumé d'être reçûs en la Chambre des Comptes, en qualité de Cour des Aydes. Ce n'est donc, qu'en cette qualité, qu'elle les recevoit. Ainsi, cette qualité lui étant ôtée, elle n'y a plus de droit. Cela fait encore la décision d'un autre chef du Procès.

Tels sont les Réglemens, qui sont intervenus jusques à present entre le Parlement, & la Chambre des Comptes de Bourgogne, pour le fait de leur Jurisdiction. Ils sont sans doute plus que suffisans, pour montrer combien la Chambre est mal fondée dans ses diverses prétentions.

Mais comme elle a soutenu, qu'elle avoit quelques attributions particuliéres, pour connoître en dernier ressort des contestations, pour Mouvances, & pour Commises féodales, ou le Roy est interessé, il est à propos nonseulement de les éxaminer en détail, mais encore d'en faire connoître l'origine, & la suite le plus succinctement, qu'il sera possible.

VI.

ARTICLE IV. DE L'EDIT DE CREMIEU du 19 Juin 1536.

Portant que les Réceptions de Foy & Hommages se feront pardevant les Baillifs, &c.

AURONT aussi nosdits Baillifs, Sénéchaux, & autres nos Juges Présidiaux, la connoissance de la vérification des Hommages des Vassaux tenans de Nous, & des Lettres de Souffrance & de Confortemain, qui sont prises par nos Vassaux, pour raison des Fiefs tenus & mouvans d'iceux, & de la Réception des Foi & Hommages par main souveraine, les cas écheans.

OBSERVATIONS.

L'on rapporte ici cet Article, pour montrer, que suivant l'usage ancien du Royaume, la Réception des Foi & Hommages se faisoit, non aux Chambres des Comptes, mais pardevant les Baillifs, & Sénéchaux. Du reste le même usage avoit été établi long-temps auparavant en Bourgogne par les Lettres Patentes des Rois Louis XI. & Charles VIII. des 14 Mars 1477, & 13 Mars 1483, que le Parlement a produites.

Mais cela n'empêchoit pas la Chambre des Comptes, d'avoir droit de saisir féodalement les Fiefs mouvans du Roy, pour devoir de fiefs non faits. Et en cas de contestations, soit pour la Mouvance, la Commise, ou autrement, elles étoient jugées par ceux, qui avoient la connoissance du Domaine du Roy; c'est-à-dire, par les Officiers du Tresor à Paris dans l'étendue de leur Chambre, & en Bourgogne par la Chambre des Comptes, sauf l'appel au Parlement.

Cela paroît à l'égard de cette derniere par le Réglement du 7 May 1519, imprimé ci-dessus pag. 30. où l'on a déja remarqué, que puisque ces sortes de Procez étoient attribuez à la Chambre des Comptes de Dijon, laquelle n'avoit point alors la Réception des Foi & Hommages, c'est une consequence infaillible, que cette jurisdiction n'est point une suite, & une dépendance de la Reprise de Fief. On ne pense pas, que cela puisse être raisonnablement contredit.

VII

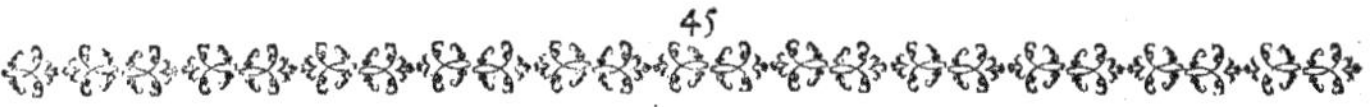

VII.

LETTRES PATENTES DU ROY HENRY II. du 23 Janvier 1548.

Portant révocation de certaine commission, donnée à quelques Officiers de la Chambre des Comptes de Dijon, pour contraindre les Vassaux du Roy à faire à Sa Majesté les devoirs de fief, & renvoi de cette matiere à ladite Chambre.

HENRY, par la grace de Dieu, Roy de France, à nos amez & féaux les Gens de nos Comptes à Dijon, Salut & direction. Comme par nos Lettres Patentes du 26 de Juillet dernier, Nous eussions mandé à nos amez & féaux Conseillers, Maîtres Benigne Serre, Premier President, Jean Goudran, & Claude Contault, Maitres ordinaires en la Chambre de nosdits Comptes, faire crier & publier de par Nous, à son de Trompe, & cri public, par tous les lieux de notre Duché de Bourgogne, Comtez de Maconnois, & Auxerrois, Châtellenie de Bar sur-Seine, & autres adjacentes, du ressort de notredite Chambre des Comptes audit Dijon, accoutumez à faire cris & publications, que toutes personnes, de quelques états, ou conditions qu'ils soient, tenans & possedans aucunes Terres & Seigneuries tenues & mouvans de Nous, eussent à apporter, ou envoyer pardevant lesdits Serre, Goudrant, & Contault, ou les deux, la part qu'ils leurs assigneroient, & dedans tel temps competent, que pour ce leur seroit par lesdits Commissaires prefigé, les Lettres de Foi & Hommage, qu'ils Nous ont fait, ou à nos Predecesseurs depuis trente ans, & les quittances des droits & devoirs, qu'ils en ont faits & payez; & quant à ceux, qui y auroient entierement satisfait, faire bon & loyal Registre, comment, & en quelle année avoit été faite la satisfaction, dont les Commissaires leur bailleront extraits signez de leurs mains, pour leur valoir & servir ce que de raison; & pour le regard de ceux, qui n'auroient satisfait, ou qui ne feroient dûement apparoir pardevant iceux Commissaires, leurs Terres être tenues à Franc-aleu, les contraindre nous faire, & payer lesdits droits, & devoirs, ès mains de notre Receveur General de Bourgogne, selon que lesdits Commissaires les trouveroient à ce tenus par la Coutume des lieux, & ce par saisie de leursdites Terres, & Fiefs à ce tenus, & en régime d'icelles établir Commissaires, nonobstant oppositions, ou appellations quelconques; & où lesdits Commissaires trouveroient aucuns titres debatus, ou contredits par notre Procureur General en notredite Chambre de nosdits Comptes, renvoyer les Parties pardevant Vous, pour en être ordonné comme de raison. En vertu de laquelle iceux Commissaires auroient fait faire les publications, contenues en icelles nosdites Lettres, ci-dessus déclarées, de tout le contenu esdites Lettres; & excédans le contenu en icelles, lesdits Commissaires auroient fait proclamer, que tous les Tenanciers & Possesseurs desdites Terres & Seigneuries, tenues & mouvans de nosdits Fiefs, & Arriere-Fiefs, & autres, qui les pourroient prétendre de Franc-aleu, eussent à exhiber, produire, & representer pardevant iceux Commissaires, & dans certain & brief delai, les Foi & Hommages, Aveux & Denombremens, qu'ils avoient fait depuis ledit temps de trente ans, à cause d'icelles Terres, & Seigneuries, avec les quittances de ce qu'ils en auroient payé, ou faire apparoir des titres. A cette cause, nos chers & bien amez les Gens des trois Etats de notredit pays de Bourgogne, nous auroient en notredit Conseil par leurs Commis & Deputez, presenté Requête, & remontré, que par les Coutumes de notredit pays, le Seigneur du Fief peut mettre en sa main les choses mouvans de sondit Fief, après le decès de son Vassal, pour cause de devoirs de sondit Fief non faits, dedans l'an & jour après ledit trepas, ou après ledit an, quand bon lui semblera; & dès sadite main mise, & les an & jour passez après ledit trepas, faire les fruits siens à l'encontre de ceux, qui sont hors de pupillarité, jusqu'à ce que les heritiers, & successeurs en ladite chose féodale, avent fait, ou dûement presenté de faire leur devoir de Fief à la personne du Seigneur, s'il est au pays, &

s'il eſt abſent, au lieu & maiſon, dont ledit Fief ſera mouvant, ou à la perſonne de ſon principal Officier. Et quant aux Pupilles, les Tuteurs ſont tenus faire reconnoiſſance de feaulté au Seigneur du Fief dedans un an, ſans être tenus à Hommage & ſerment de feaulté. Autrement l'an paſſé, le Seigneur du Fief peut mettre en ſa main la choſe de ſon Fief, & faire les fruits ſiens, juſqu'à ce que ledit devoir lui ſoit fait. Mais le Seigneur du Fief, pour cauſe de Foi & Hommage non rendu à lui, & Denombrement non baillé, ne peut prétendre droit de Commiſe; & eſt ledit Vaſſal tenu, après qu'il a fait Hommage à ſon Seigneur de la choſe, qu'il tient en Fief, de bailler audit Seigneur, dedans quarante jours après ledit Hommage fait, ſon Denombrement & declaration de la choſe, qu'il tient en Fief, & au defaut dudit Denombrement non baillé dans ledit temps, ledit Seigneur peut mettre en ſa main ladite choſe, & ſous icelle la tenir, ſans toutefois faire fruits ſiens. Et quant aux choſes féodales, & mouvans de Fiefs, les heritiers *ab inteſtat* peuvent ſucceder, comme en autres choſes, & prendre la poſſeſſion d'icelles choſes féodales, ſans conſentement du Seigneur du Fief, & ſans danger de Commiſe; excepté les Religieux, au regard deſquels la choſe demeure à la diſpoſition du Droit écrit. Et en partage & diviſion des choſes féodales, n'eſt point de neceſſité aux Parties, de prendre conſentement du Seigneur du Fief, pour prendre la poſſeſſion de ce que par leſdits partages leur advient; parceque partage & diviſion de la choſe féodale ne préjudicie au Seigneur du Fief; ains demeure chacun homme, féodal, & Vaſſal dudit Seigneur, pour ſa part & portion, & en eſt tenu chacun de faire ſon devoir de Fief envers ledit Seigneur dudit Fief, & ſelon la nature d'icelui. Et quant aux aliénations & tranſports des choſes féodales, Commiſe n'a lieu en quelque ſorte, que ce ſoit, ſi l'acheteur, ou celui, qui a acquis ladite choſe féodale, n'en prend poſſeſſion réelle, ſans conſentement du Seigneur dudit Fief. Par quoi, ſuivant ladite Coutume, ils n'étoient tenus Nous faire, quant aux ſucceſſions *ab inteſtat*, hoiries, ni autrement, aucuns devoirs, ſans être par Nous, ou nos Officiers appellez. Au moyen de quoi ne ſe pouvoit ladite Commiſſion étendre, que par aliénation & tranſport contre ceux, qui ont acquis la choſe féodale, & ont pris poſſeſſion réelle, ſans permiſſion de Nous, ou de nos Officiers. Et quant aux Arriere-Fiefs, par les Lettres de Commiſſion n'en étoit nullement parlé, ni fait mention, comme ne ſoit beſoin; parceque les devoirs de Fief, ne Nous en ſont dûs, ains aux Comtes, Barons, Prélats, Chapitres, & autres, qui les tiennent de Nous en Fief, auſquels les Foi & Hommages ſont dûs par ceux, qui les tiennent d'eux en Fief, & de Nous en Arriere-Fiefs; &, s'il y en a aucun profit, en ſon ſaiſies faites à faute deſdits Foi & Hommages non faits, ou Denombremens non baillez; ou s'il y a Commiſe, Retenue, ou autre profit coutumier, il appartient audit Seigneur féodal, dont il eſt en Fief. Et quant aux fraudes à Nous, tous les Fiefs de notredite Duché de Bourgogne ſont de toute ancienneté décrits en un rolle, & deſcription, en notredite Chambre des Comptes à Dijon; en façon qu'il n'y a aucuns Fiefs en notredite Duché de Bourgogne, mouvans de Nous, qui ne ſoient décrits en ladite Chambre. Et les autres, qui ſont en notredite Duché, tenus en Franc-aleu, qui ne ſont décrits en notredite Chambre des Comptes, ne ſont tenus de faire aucun devoir pour raiſon d'iceux; & s'il y en avoit aucun, tenu à Franc-aleu, mouvant de Nous, ce ſeroit comme les autres, contenus en ladite Coutume. Et à ce moyen, pour le regard deſdits Arriere-Fiefs, leſdites Lettres de Commiſſion ne pouvoient avoir aucun effet. Par quoi leſdits Commiſſaires avoient non-ſeulement excédé le contenu de leurs Commiſſions, mais procédé contre toute diſpoſition de Droit. A cette cauſe Nous auroient très-humblement ſuppliez & requis, leur pourvoir ſur le tout, ſuivant leſdites Coutumes, ou autrement, ainſi que verrons être à faire. Pour ce eſt-il, que Nous deſirans bien & favorablement traiter leſdites Gens des Trois Etats de notre dit Pays de Bourgogne, & les Coutumes d'icelui être gardées, obſervées, & entretenues; & après qu'avons fait voir en notredit Conſeil la Requête, que les Gens des Trois Etats Nous ont préſentée; la copie de votredite Commiſſion; & ladite Coutume:

Avons, par avis de notredit Conſeil, ordonné & ordonnons, que noſdites Lettres & Commiſſions ne ſeront exécutées, que ſur les Fiefs tenus, & mouvans de Nous ſans moyen, nouvellement acquis, & non ſur ceux venans par droit de ſucceſſion, d'hoirie, & *ab inteſtat*; & que tous les Poſſeſſeurs d'iceux Fiefs, de quelques états, & qualitez qu'ils ſoient, ſeront aſtraints déclarer, & ſpecifier par leurs Dénombremens, & Aveux, les Fiefs, & Arriere-Fiefs, qu'ils prétendent en être tenus & mouvans, à ce que, avenant ouverture esdites Fiefs principaux, notre Procureur y puisse faire tels Exploits, & sur les Fiefs, qui en dépendent, qu'il appartiendra, & lui sera loisible par la Coutume. Et quant aux Fiefs prétendus être de Franc-aleu, seront les Possesseurs d'iceux tenus de faire apparoir, par titres valables, ou autrement, dudit Franc-aleu; & à faute de ce faire, seront réputez sujets à Foi & Hommage, & aux autres droits, & devoirs, prescrits & ordonnez par la Coutume des lieux. Et au surplus, pour certaines causes & considerations à ce Nous mouvans, avons évoqué, & évoquons à Nous, & à notre Personne, lesdites matieres mentionnées en ladite Commission, & icelles, circonstances & dépendances, renvoyé & renvoyons pardevant vous au vingt-cinquiéme jour de Février prochain venant, pour être jugées, décidées, & déterminées, ainsi qu'il appartiendra; & d'icelles causes & matieres, leurs circonstances & dépendances, en avons interdit, & défendu, interdisons & défendons ausdits Serre, Goudran, Contault, & tous autres, toute Cour, Jurisdiction, & connoissance par ces Presentes, que à cette fin leur voulons être signifiées par le premier notre Huissier, ou Sergent sur ce requis, que à ce faire commettons. Car tel est notre plaisir, nonobstant quelques Ordonnances, Rescriptions, Mandemens, Défenses, & Lettres à ce contraires. DONNE' à Saint Germain en Laye le vingt-troisiéme jour de Janvier, l'an de grace mil cinq cent quarante-huit, & de notre regne le deuxiéme. *Signé*, par le Roy en son Conseil, CLAUSSE.

OBSERVATIONS.

Ces Lettres ont été produites par la Chambre des Comptes, pour établir trois choses. La premiere, que les Saisies, & Main-mises féodales ont été faites de tout temps de son autorité. La seconde, qu'elle avoit alors la Réception des Foi & Hommages. Et la troisiéme, que la connoissance des contestations, formées au sujet des devoirs de Fiefs des Vassaux du Roy, lui appartenoit en dernier ressort.

L'on ne lui a jamais disputé le premier point. Mais à l'égard des deux autres, on ose dire qu'il n'y en a pas le moindre vestige dans ces Lettres

Il est certain qu'alors les Foi & Hommages se prêtoient pardevant les Baillifs, & Sénéchaux, qui en renvoyoient seulement les Actes aux Chambres des Comptes, pour y être conservez. On en a vû la preuve en l'Article précédent, & il n'y a dans ces Lettres aucune disposition contraire. Si cette Réception a depuis été attribuée à la Chambre des Comptes de Dijon, c'est à elle à en montrer le Titre.

A l'égard des contestations, incidentes aux Reprises de Fief, il n'y a pas un mot dans ces Lettres, qui conduise à en donner la connoissance en dernier ressort à la Chambre.

C'est un fait constant, qu'alors elle avoit droit de contraindre les Vassaux du Roy à faire les devoirs de Fiefs, ausquels ils étoient tenus, ou à representer les titres, en vertu desquels ils prétendoient y avoir satisfait. Il avoit plû au Roy Henry II. de donner ce même pouvoir par une Commission particuliere à trois Officiers de la Chambre, à l'occasion de son avénement à la Couronne. Sur la plainte, que firent les Etats de la Province, que ces Officiers avoient excédé leur pouvoir, le Roy déclara là dessus ses volontez, & renvoya l'exécution de cette Commission à la Chambre, sans ajouter que c'étoit, pour en connoître en dernier ressort.

Il est vrai que ces Lettres font défenses, tant à ces trois Officiers, qu'à tous autres, de prendre connoissance de l'exécution de cette Commission. Mais cela ne pouvoit opérer, que la révocation des autres commissions pareilles, qui avoient pû être données précédemment à quelques particuliers, ou la connoissance de cette affaire en premiere Instance.

Puisque le dernier ressort de ces sortes de matieres apartenoit au Parlement, suivant le Réglement de 1519, il est évident, qu'il ne pouvoit lui être ôté par des simples Lettres Patentes, lesquelles ne lui étoient, ni adressées, ni connues. Cela est des régles les plus triviales.

Et quand même ces Lettres auroient interdit au Parlement cette connoissance, comme elles ne regardoient, que l'exécution d'une Commission, qui n'étoit point perpetuelle, ç'auroit été pour cette fois seulement, & sans le tirer à conséquence.

Mais encore un coup ces Lettres ne disent rien de pareil; & si la Chambre s'est flattée, qu'on en prendroit une autre idée, il faut qu'elle ait esperé, qu'on ne liroit, que le titre, qu'il lui a plû de donner à ces Lettres parmi ses Pieces imprimées.

Elle a produit encore une Déclaration du 7 Septembre 1571, qui ne porte que la même chose. Ainsi il est inutile de s'y arrêter.

VIII.

DECLARATION DU ROY CHARLES IX. du 19 Decembre 1563.

Qui ordonne à la Chambre des Comptes de Dijon, de contraindre ceux, qui ont acquis des Fiefs du Clergé, à en faire les devoirs à S. M. ou de procéder contre eux par Déclaration de Commise.

CHARLES, par la grace de Dieu Roy de France, à nos amez & feaux les Gens de nos Comptes à Dijon, Salut. Notre Procureur General en la Chambre desdits Comptes Nous a remontré, qu'en notre Pays & Duché de Bourgogne plusieurs ont acheté & acquis, suivant notre Edit, des Terres, Seigneuries, Héritages, Cens, Dîmes, & autres Domaines vendus sur le Clergé de notredit Pays, qui auparavant étoient amortis, & maintenant Nous sont feodales, & sujettes à notre Ban & Arriere-Ban; & toutesfois aucuns desdits Acheteurs se sont immiscez en la possession & jouissance desdites Terres & Domaines, avant que Nous faire les Foi & Hommages, qu'ils sont tenus de faire, ni bailler le Dénombrement, comme il est accoutumé en tel cas, Nous requerant le délivrer desdites Terres & Domaines à Nous commises par faute desdites Foi & Hommage, ou autrement le pourvoir comme de raison. Pour ce est-il, que Nous ces choses considérées, de l'avis de notre Conseil, voulans relever lesd. Acheteurs pour le passé de la Commise prétendue par notred. Procureur vous mandons, & très expressément enjoignons, que vous ayez à contraindre par toutes voyes, dûes & raisonnables, tous acheteurs dudit Domaine, qui se trouvera avoir été amorti à nous faire les Foi & Hommages, & bailler le Denombrement de leurs acquisitions, & nous payer les droits & devoirs, qui pour ce Nous seront dûs, comme on a accoutumé faire en tel cas. Et où aucuns d'iceux se trouveroient refusans, ou dilayans, & s'entremettans en la jouissance desdites Terres & Domaines, avant que satisfaire à ce que dessus, vous procéderez contr'eux par declaration de Commise, ou autrement, comme vous verrez être à faire par raison; vous enjoignant d'en faire donner un Rolle, & declaration, signée du Greffier de notredite Chambre, aux Greffiers des Baillifs, contenant les noms & surnoms des acheteurs, & ce qu'ils auront acheté, pour iceux enroller & enregistrer ès Registres, & cahiers de ceux, qui sont sujets & tenus à nos Bans & Arriere-Bans. De ce faire vous avons donné plein pouvoir, & mandement special, & voulons qu'à vous & vos Commis en ce faisant soit obei; vous enjoignans, afin que personne n'en pretende cause d'ignorance, de faire notre presente Declaration lire, publier, enregistrer, & observer de point en point. Car tel est notre plaisir. Donné à Paris le 19 de Decembre l'an de grace 1563, & de notre regne le troisiéme. *Signé* par le Roy en son Conseil. DE L'AUBESPINE, & scellée en cire jaune sur simple queue.

OBSERVATIONS.

Il faut que la Chambre des Comptes soit bien dénuée de Titres, lorsqu'elle employe cette Déclaration pour prouver, qu'elle est en droit de juger en dernier ressort les procez de Commise.

1°. Il n'y a pas un seul mot, qui tende à établir ce prétendu dernier ressort. Car pour la premiere Instance, on ne la contestoit point alors à la Chambre; puisqu'elle connoissoit du Domaine sur ce pied.

2°. Cette Déclaration ne regarde, que les Fiefs, lesquels avoient été vendus depuis peu par le Clergé de France, en vertu de la permission, que le Roy lui en avoit donnée. Il n'y est en aucune maniere parlé des autres Terres de la Province. Comment la Chambre peut-elle prétendre, que cette Déclaration contienne une attribution générale à son profit de ces sortes d'affaires?

Il faut au contraire tenir ponr constant, que cette Déclaration ne lui a donné aucun droit

droit nouveau, & qu'ainsi la Chambre n'a pû depuis ce temps juger les Commises, qu'à la charge de l'appel, comme elle faisoit auparavant.

On va prouver la verité de ce fait, & des autres, qui ont été alleguez aux Articles précédens, par des exemples si authentiques, qu'il faut plus que de l'opiniatreté, pour oser les contester.

IX.

ARREST DU PARLEMENT DE DIJON.

du 6 Avril 1559.

Rendu sur l'appel interjetté par le Procureur de S. M. en la Chambre des Comptes, d'un jugement de ladite Chambre, en matiere de Mouvance féodale.

ENTRE le Procureur du Roy en sa Chambre des Comptes, Appellant des Gens desdits Comptes le 22 de Juin dernier, sur la Sentence par eux rendue ledit jour au fait de la Terre & Seigneurie de la Borde lès Reaille, scize au Bailliage de Dijon, Siege de Beaulne, par laquelle ils auroient déclaré ladite Terre & Seigneurie chargée de Fief envers le Roy, à cause de son Duché de Bourgogne, & condamné Messire François de Vienne, Chevalier, Seigneur de Ruffey, à faire Foi & hommage de ladite Terre, par lui tenue, dans quinze jours, & en bailler son Dénombrement dans le temps sur ce introduit, & l'auroient absous au surplus des fins, & conclusions dudit Procureur d'une part, Et ledit de Vienne appellé d'autre.

VEU le procès reçû pour être jugé entre lesdites Parties; Arrest du 18 du mois de Juillet dernier, par lequel auroit été ordonné que le procès seroit collationné les Parties presentes, & qu'elles concluroient en leur cause d'appel selon l'Ordonnance, bailleroient griefs, & réponses à griefs hors le procès, pour être procedé au Jugement comme de raison; Autre Arrest du 21 dudit mois, par lequel auroit été enjoint audit Appellant satisfaire au contenu du précédent Arrest une pour toutes, & à peine que ladite conclusion seroit tenue pour faite, & seroit jugé ledit procès; Griefs depuis donnez par ledit Appellant; Conclusions du Procureur Général du Roy, adherant audit appel, & tout consideré, La Cour a mis & met ladite appellation au neant, Ordonne neanmoins que ce dont étoit appel sortira son plein & entier effet.

Prononcé aux Arrests Généraux, veille de Pâque Flories, sixième Avril mil cinq cens cinquante-neuf.

OBSERVATIONS.

Cet Arrest est d'autant plus important, qu'il est rendu sur l'appel même du Procureur de S. M. en la Chambre des Comptes. On ne le soupçonnera pas sans doute d'avoir ignoré les Droits de sa Compagnie.

X.

AUTRE ARREST DU MEME PARLEMENT du 4 Mars 1561.

Rendu sur l'appel d'un Jugement de ladite Chambre des Comptes en matiere de Mouvance, & de Commise féodale.

ENTRE Dame Françoise de Rubis, veuve de feu Messire Claude Patarin, Premier President en la Cour de Parlement à Dijon, subrogée au lieu, & droit, & instance d'André de Busseroles, Marchand demeurant à Châlon, Demandeur en discussion, & criées faites sur la Terre & Seigneurie de Creusilles en Châlonnois, membres & dépendances d'icelle, & Edoüard Bolon, Marchand demeurant à Autun, poursuivant les criées faites à Requête des Grand Prieur, Religieux, & Convent de Clugny, sur la terre & Seigneurie de Saillans, membres & dépendances d'icelle, Antoine de Tenarre, &c. Oposans d'une part; Et Antoine de Saillans Défendeur principal d'autre.

Et encore ledit de Saillans, Appellant de la Sentence rendue par les Gens tenans les Comptes audit Dijon le 17 de Juin 1558, par laquelle appointant en l'instance d'entre le Procureur du Roy en ladite Chambre, Demandeur en réformation des francs-Fiefs & nouveaux acquêts, & les Doyen, Chanoines, & Chapitre d'Autun Défendeurs, ils auroient ordonné, que les Parties informeroient de leurs faits dans un mois lors suivant, pardevant le Commissaire d'iceux, pour être procedé au Jugement du Procès comme de raison, & neanmoins que la Terre & Seigneurie de Laye, entierement, sans aucune chose en réserver, & autres portions de Seigneuries mentionnées en icelle, seront mises & saisies sous la main du Roy, & établis Commissaires au régime & gouvernement d'icelle, pour en rendre compte au profit du Roy, sauf ausdits Défendeurs leur recours de garentie contre ceux, qu'il appartiendroit, d'une part; Et le Procureur Général du Roy, ayant pris en main pour le Procureur dudit Seigneur en ladite Chambre des Comptes, Appellé d'autre.

Et encore ledit de Saillans Demandeur en garentie contre Dame Françoise de Rohan, Marquise Douairiere de Rothelin, ayant le gouvernement de Messire Eleonor d'Orleans, Duc de Longueville son fils, & Messire Jacques de Savoye, Duc de Nemours, Défendeurs en ladite Garentie, &c.

VEU lesdites criées, faites sur la Terre, & Seigneurie de Creusilles, &c. Et tout consideré.

Ladite Cour a interposé, & interpose son autorité, & decret esdites criées, & a ordonné, & ordonne, &c.

Et au regard de l'apel émis par ledit de Saillans de la Sentence rendue par lesdits Gens des Comptes d'une part, & ledit Procureur Géneral ayant pris en main pour le Procureur du Roy en ladite Chambre Appellé d'autre, ladite Cour a mis & met ledit appel, & Sentence au néant sans amende & dépens, & pour cause.

Et veu la production, & conclusions diffinitives dudit Procureur Général, dit que ledit procès se peut juger sans informer de la verité des faits, & ce faisant a déclaré & déclare ladite Terre & Seigneurie de Laye, membres, & dépendances d'icelle, être chargez de Fief envers le Roy; de laquelle Seigneurie de Laye, ensemble des fruits d'icelle saisis, & mis sous la main du Roy, pour faute de Fief non fait, ladite Cour a fait, & fait main-levée audit Antoine de Saillans, en faisant le Fief, Foi, & Hommage d'icelle Terre envers ledit Seigneur, *& a renvoyé & renvoye absous ledit de Saillans de la Commise prétendue par ledit Procureur Général.*

En tant que touche ladite Instance de Garentie d'entre ledit de Saillans Demandeur, contre les Ducs de Longueville, & de Nemours Défendeurs en ladite Instance, ladite Cour vû, les Arrests sur ce donnez, a forclos, & forclost lesdits Défendeurs d'aucune chose écrire & produire en cette part.

Et faisant droit en ladite Instance, a condamné & condamne lesdits Ducs de

Longueville, & de Nemours à dédommager & garentir ledit de Saillans de tous les dépens, dommages, & interests par lui supportez, & qui pourroient résulter des condamnations faites contre lui, tant en ladite cause d'appel, que pour la résolution du contrat fait entre lui, & les Doyen, Chanoines, & Chapitre d'Autun, & en tous autres dommages, & interests par ledit de Saillans supportez, à faute d'avoir garenti ladite Terre de Laye en ladite qualité de Franc-Aleu, &c.

Fait au Conseil à Dijon, & prononcé le quatrième jour de Mars mil cinq cens soixante-un en presence dudit sieur de Saillans, & de Me Jean Ligeras Procureur dudit Bolon assistez de Me Jean Pupelin Solliciteur.

OBSERVATIONS.

Il est à propos de remarquer, que cet Arrest a été rendu sur l'appel d'un Jugement de la Chambre, où il étoit question, non-seulement d'une Mouvance, mais encore d'une Commise féodale. Comment la Chambre des Comptes accordera-t-elle cela avec les conséquences, qu'elle voudroit tirer de la Déclaration du 19 Decembre 1563? Mais l'Arrest suivant est encore bien plus solemnel.

XI.

AUTRE ARREST DU MEME PARLEMENT du 25 May 1564.

Rendu, le Roy y séant en son lit de Justice, sur l'Appel d'un Jugement de la Chambre des Comptes, en matière de Commise féodale.

ENtre Me Philibert le Bault, Conseiller du Roy, & Auditeur ordinaire en sa Chambre des Comptes à Dijon, & Marie Ferraut, veuve de Guillaume Brigandet, respectivement Apellans de la Sentence rendue en ladite Chambre le vingt-uniéme jour du mois de Mars dernier d'une part, Par laquelle auroit été ordonné, que la portion de la terre & Seigneurie de Villeberny, acquise par Marie Ferraut de Pierre de Montigny le 27 Fevrier 1560, seroit mise sous la main du Roy, pour être regie par Commissaire, qui à ce seroit établi, lequel en tiendroit compte au profit de qui il appartiendroit, & en principal que ladite Marie Ferraut seroit assignée à Requête du Procureur du Roy en ladite Chambre des Comptes, pour voir déclarer la Commise pretendue de ladite portion de Seigneurie; Et faisant droit sur les requisitions dudit le Bault ladite Chambre auroit declaré, qu'elle ne pouvoit le reçevoir en Fief de ladite portion & Seigneurie d'une part, & le Procureur General du Roy, prenant en main pour le Procureur en ladite Chambre des Comptes, Apellé d'autre.

Encore entre Antoine d'Orge, Sieur de Villeberny, Demandeur à l'enterinement des Lettres Royaux du 24 de Fevrier dernier d'une part, & lesdits le Bault, & Ferraut Défendeurs d'autre.

LE ROY SEANT en sa Cour de Parlement à Dijon, après avoir oui les Avocats des Parties, ensemble ce que de la part de son Procureur General audit Parlement, & pour le Procureur des Gens des trois Etats de ce pays de Bourgogne intervenu a été dit, & requis, a appointé lesdites Parties au Conseil, & ordonné qu'elles corrigeront leurs plaidoyez, & mettront devers le Greffe leurs titres, papiers, & ce que bon leur semblera dans huit jours, & bailleront d'une part & d'autre contredits, & salvations de huitaine en huitaine, pour leur être pourvû ainsi qu'il apartiendra; & cependant jouira ledit le Bault de ladite Terre & Seigneurie Villeberny sous la main du Roy jusques à ce que autrement en soit ordonné.

Fait en Parlement à Dijon, le Roy séant en icelui, le Jeudi vingt-cinquiéme May mil cinq cent soixante quatre. Les parties comparantes, à sçavoir ledit le Bault par Chifferet, la veuve Brigandet par Fournier, ledit Dorge par Arviset, le Procureur General en personne, & les Gens des Etats par Fleutelot Procureur.

OBSERVATIONS.

Toutes les circonstances de cet Arrêt contribuent à le rendre mémorable.

1°. Il fut rendu en presence du Roy, & prononcé par ce grand Chancelier de l'Hopital, qui ayant été Conseiller au Parlement de Paris, & ensuite premier Président en la Chambre des Comptes, sçavoit parfaitement les droits des deux Compagnies. Ainsi cet Arrêt n'est point seulement un exemple. C'est une décision formelle du Roy en faveur du Parlement.

2°. Cet Arrêt fut rendu sur l'appel d'un Officier même de la Chambre des Comptes de Dijon; ensorte qu'elle n'en pouvoit prétendre cause d'ignorance.

3°. Il intervint sur un procès de Commise, postérieurement à la Déclaration de 1563. imprimé ci-dessus pag. 48. qui est le seul titre, sur lequel la Chambre fonde son prétendu droit de juger ces sortes de matieres en dernier ressort. Que pourroit-on désirer de plus fort en faveur du Parlement?

XII.

AUTRE ARREST DU MEME PARLEMENT du 2 Juin 1568.

Rendu sur l'appel d'un Jugement de la Chambre des Comptes en fait de Mouvance féodale, & de Commise.

ENTRE Me Jean de Ganay, Procureur du Roy au Baillage & Chancellerie d'Autun, Appellant de la Sentence donnée par les Gens des Comptes à Dijon le 6 Novembre 1565, par laquelle ils auroient ordonné, que la saisie faite à la Requête du Procureur du Roy en ladite Chambre tiendroit d'une part, & le Procureur Général du Roy, prenant le fait & cause pour le Procureur du Roy en ladite Chambre, Appellé d'autre.

VEU le procès d'entre lesdites Parties; Lettres Royaux données à Moulins le 6 de Fevrier 1566; Acte d'intervention des Prevôts, Chanoines & Chapitre de Notre-Dame d'Autun; & ce qui a été dit, écrit, & produit par lesdites Parties pardevant le Commissaire à ce deputé; Conclusions dudit Procureur General; La Cour à mis & met lesdites Sentence, & apel au neant, sans amende, & dépens, & ayant égard ausdites Lettres, & icelles entérinant, à ordonné & ordonne, que ledit de Ganay sera tenu faire devoir de Fief de ladite maison de la Roche, & dépendances d'icelle, envers le Roy, & payer les devoirs accoûtumez, si aucuns sont & en ce faisant ladite Cour a fait main levée audit de Ganay de ladite maison saisie par lesdits Gens des Comptes, & absous ledit de Ganay de la Commise contre lui prétendue, & outre la condamné à continuer chacun an le payement de douze livres tournois de rente, & vingt deniers de cens, portant lods, retenue, & remuage envers lesdits Prevôts, Chanoines & Chapitre Notre-Dame dudit Autun, sans préjudice du droit du Roy, & desdits du Chapitre au contraire, quand le cas y écherra.

Fait au Conseil à Dijon, & prononcé à Me Louis Paul, Chanoine de ladite Eglise le deuxiéme de Juin mil cinq cent soixante-huit.

OBSERVATIONS.

Il n'y a rien à dire de plus sur cet Arrest, que sur les précédens.

AUTRE

XIII.

AUTRE ARREST DU MEME PARLEMENT.
du 18 Avril 1570.

Rendu sur un appel, interjetté par le Procureur de S. M. en la Chambre des Comptes, d'un Jugement de cette Chambre en fait de Mouvance féodale.

ENTRE le Procureur du Roy en la Chambre des Comptes à Dijon, Appellant de certaine Sentence donnée par les Gens desdits Comptes le 15 du mois de Fevrier 1566, d'une part ; Et Messire Antoine de Vienne, dit de Baufremont, Chevalier de l'Ordre du Roy, & Baron de Sombernon, Appellé d'autre ; par laquelle Sentence lesdits Gens des Comptes auroient absous ledit de Vienne des fins & Conclusions dudit Procureur du Roy, & déclaré le Fief de la Seigneurie de Coulches appartenir à icelui de Vienne, à cause de ladite Baronie de Sombernon, à la charge qu'il seroit tenu faire au Roy les Foi & Hommage pour raison de ladite Baronie de Sombernon, & bailler le Dénombrement suivant la Coutume, & que ladite Seigneurie de Coulches demeureroit chargée d'arriere-Fief envers ledit Seigneur, suivant le rescrit & mandement de Eudes, Duc de Bourgogne, donné en l'an mil trois cent vingt-cinq, produit par ledit appellé.

VEU le Procès reçû pour juger, Conclusions du Procureur Général du Roy, & ce qui a été dit par le Tresorier de France en la Charge & Généralité de Bourgogne, auquel le Procès a été communiqué.

La Cour a mis & met ladite appellation à néant sans amende, & ordonne que ladite Sentence sortira son plein & entier effet.

Fait au Conseil à Dijon, & prononcé à Me Jean Thomas Procureur dudit sieur de Listenois le dix-huitiéme Avril mil cinq cent soixante-dix.

OBSERVATIONS.

Cet Arrest a cela de remarquable, qu'il fut rendu sur l'appel du Procureur du Roy en la Chambre des Comptes lui-même, ainsi que celui du 6 Octobre 1559. Le reste n'a pas besoin de commentaire.

XIV.

AUTRE ARREST DU MEME PARLEMENT
du 29 Juillet 1603.

Par lequel la Cour reçut l'appel, interjetté par le Procureur Général du Roy, d'un Jugement de la Chambre des Comptes, qui avoit admis la Demoiselle de Nantouillet à la prestation de Foi & Hommage à S. M. pour raison de la Baronie de Viteaux.

MR. le Procureur General entré a dit, qu'il a été averti, qu'encore que la Terre & Baronie de Viteaux soit mouvante du Roy, à cause de son Duché de Bourgogne, neanmoins la Demoiselle de Nantouillet se seroit entremise en la jouissance d'icelle, sans avoir fait les Foi & Hommage requis par la Coutume ; pour raison dequoi la Commise de ladite Terre est ouverte au profit de Sa Majesté. Et parceque les Gens tenans la Chambre des Comptes, au préjudice dudit droit de Commise aquis à sadite Majesté, l'ont reçûe à la reprise de Fief, a requis être reçu apellant de l'Acte de ladite reprise, & de tout ce qui s'en seroit ensuivi, & qu'il soit ordonné à ladite de Nantouillet de venir plaider sur ledit apel, à tel jour qu'il plairoit à la Cour, & que la signification de l'Arrêt, qui sera donnée au Procureur d'Office en la Justice dudit Viteaux, soit déclarée aussi valable, comme si elle avoit compris la personne de ladite de Nantouillet; & cependant qu'il lui soit permis faire saisir le revenu de ladite Terre, & y établir un Sequestre, & enjoint au Procureur du Roy de ladite Chambre des Comptes de lui communiquer tous memoires, titres, & papiers, qu'il peut avoir pour ce regard. A quoi M. le premier Président lui a dit, que la Cour loue le soin, qu'il a au bien des affaires de Sa Majesté, & que en baillant sa Requête par écrit il y sera promptement pourvû. Et s'étant ledit sieur Procureur General retiré, a été dit que le Greffier l'avertira de bailler sa Requête par écrit. Et dès à present est retenu, que ladite appellation est reçûe, tenue pour relevée, & executée, & que ladite de Nantouillet viendra plaider sur icelle à de Jeudi en huit jours en Audience; à cet effet se communiqueront respectivement; & pour le surplus desdites requisitions, qu'il y sera fait droit en jugeant la cause d'apel, ainsi qu'il apartiendra. Dont ledit sieur Procureur General a été à l'instant averti par le Greffier.

XV.

AUTRE ARREST DU MEME PARLEMENT du 7 Août 1603.

Contenant les Plaidez des Parties sur ledit appel, & la remise de la Cause.

ENTRE le Procureur General du Roy, Appellant de la Sentence rendue en la Chambre des Comptes à Dijon le contenant la Réception de reprise de fief de la Terre & Baronie de Viteaux d'une part; Demoiselle Jeanne Duprat, Dame de Nantouillet, Appellée d'autre.

Après que Me Pierre de Littes, Procureur d'Office en ladite Baronnie de Viteaux a remontré, que la signification de l'Arrêt à venir plaider avoit dû être faite à la personne de ladite Appellée, & qu'il n'avoit pû en si brief tems avertir icelle de cette cause, qui lui importoit, vû que l'on pretendoit ladite Terre être acquise à Sa Majesté par droit de Commise; aussi qu'il ne sçavoit, si ladite Appellée voudroit plaider en ce Parlement, d'autant qu'elle étoit de la Religion prétendue réformée; requerant tems jusqu'au premier jour après la St. Martin, pour l'en avertir; & parceque par la Requête dudit Procureur General, il demandoit permission de faire saisir le revenu de ladite Baronie, a suplié la Cour de considérer, que la reprise de Fief par elle faite envers Sa Majesté ayant été reçûe en la Chambre des Comptes, & ayant un Jugement pour elle, il ne seroit raisonnable de la déposséder, ni saisir son revenu.

Picardet Procureur General du Roy a dit, & remontré, que ladite Baronie est mouvante du Fief du Roy, à cause de son Duché de Bourgogne, & que ladite Appellée s'étant entremise en la jouissance d'icelle, sans premierement avoir repris, & fait le devoir, que la Coutume a prescrit en tel cas, la Commise est ouverte au profit de Sa Majesté, comme il l'entend bien montrer en plaidant ledit apel; requeroit qu'il lui fût octroyé défaut contre ladite Appellée, à faute de plaider; ou du moins, s'il plaisoit à la Cour de remettre la cause, qu'il lui fût permis cependant faire saisir le revenu de ladite Terre, & y établir Sequestres, qui en rendront compte à qui il sera dit en fin de cause, attendu que c'est le Privilége du Roy, de plaider la main garnie; aussi que le tems de la recolte du revenu de ladite Terre est proche, & qu'avant la plaidoirie de ladite cause il pourroit être enlevé & distrait au préjudice du Roy; & ne se pouvoit ladite Appellée prévaloir du Jugement donné en ladite Chambre des Comptes, d'autant que l'apel, qu'il en avoit interjetté, suspendoit l'effet d'icelui. N'étant considérable, ce qui est remontré par ladite Appellée, touchant la profession qu'elle fait de la Religion prétendue réformée, parcequ'il ne seroit raisonnable, que ledit Procureur General fût contraint d'aller poursuivre les droits de Sa Majesté en un autre Parlement. La Cour, Parties ouies, a ordonné & ordonne, que les Parties en reviendront au premier jour aprés la saint Martin.

Fait à Dijon en Parlement le jeudi septiéme d'Août mil six cent trois, comparant ledit Procureur General en personne, & ledit de Littes aussi en personne assisté de Taissand.

XVI.

LETTRES PATENTES
du 15 Janvier 1604.

Adressées au Parlement de Dijon, contenant Don & Remise au profit de ladite Demoiselle de Nantouillet, de la Commise prétendue sur la Baronie de Viteaux par le Procureur Général du Roy audit Parlement; avec l'Arrest d'Enrégistrement desdites Lettres, du 13 Mars suivant.

HENRY, par la grace de Dieu Roy de France & de Navarre, à nos amez & feaux Conseillers les Gens tenans notre Cour de Parlement de Dijon, SALUT. Demoiselle Jeanne Duprat, Dame de la Terre & Baronie de Viteaux, nous a fait remontrer, que ladite Terre de Viteaux lui étant justement & legitimement acquise, par la disposition Testamentaire de feu Messire Guillaume Duprat, sieur de Viteaux son frere, il seroit advenu, que Messire Antoine Duprat, sieur & Baron de Formerie, s'en seroit saisi, & joui par force & violence, jusqu'à ce que par Arrêt donné en notre Cour du Parlement de Paris, ladite Terre lui a été adjugée. Depuis lequel temps ladite Baronie de Viteaux a été saisie à la Requête de notre Procureur Général en notre Chambre des Comptes de Dijon, pour une Commise par lui pretendue; & s'étant à cette occasion ladite Exposante transportée en notre Ville de Dijon, & remontré ses droits en notredite Chambre des Comptes, elle auroit été par Arrêt déchargée de ladite pretendue Commise, & reçûe à nous faire la Foi & Hommage, laquelle elle auroit faite en bonne & dûe forme, & suivant les solemnitez ordinaires. Et bien qu'elle ne dût plus être inquietée, toutefois notre Procureur Général en notre Cour de Parlement n'a laissé de la faire appeller, s'étant porté pour Appellant desdits Arrêts donnez en notredite Chambre des Comptes. A cause de quoi ladite Exposante se seroit adressée à Nous, & Nous auroit fait entendre ses plaintes, sur lesquelles dès le commencement Nous lui aurions fait expedier nos Lettres de cachet, adressantes à notredit Procureur Général, pour faire cesser & tenir en sur-séance lesdites poursuites, sur lesquels vous auriez donné sur-séance jusqu'au premier jour après les Brandons. Ce que l'Exposante Nous a fait entendre, & desirant être delivrée de toutes lesdites poursuites, elle Nous a très-humblement supplié de lui pourvoir de toutes nos Lettres. Pour ce est-il, que desirans favoriser ladite Demoiselle Jeanne Duprat Exposante, en consideration des services, que cette Couronne a reçûs de ceux de sa maison, & du bon devoir, qu'elle en particulier a rendu par un long espace de temps près la feue Reine de Navarre, notre très-chere & honorée Mere, après avoir fait voir toutes les pieces, qui concernent cette affaire, Vous Mandons, que notre vouloir & intention est, que ladite Exposante jouisse pleinement & paisiblement de ladite Terre & Baronie de Viteaux, sans qu'elle y puisse être troublée, sous prétexte d'aucune Commise; de laquelle, en tant que besoin seroit, nous l'avons relevée, quittée, & remise, & relevons, quittons, & remettons par ces Presentes, & avons revoqué & revoquons tous dons, que nous en pourions avoir faits, & toutes Lettres, qui pouroient être aux presentes contraires, inhibant & défendant à notredit Procureur General en notredite Cour, de faire plus de poursuittes pour raison de ce contre l'Exposante, & lui imposons pour ce regard un perpetuel silence; & Vous mandons expressément, que vous ayez à la faire jouir de ladite Baronie, & ne souffrir qu'il lui soit fait aucun empêchement en la jouissance d'icelle. Car tel est notre plaisir. DONNE' à Paris le quinziéme jour de Janvier l'an de grace mil six cent quatre, & de notre Regne le quinziéme. *Signé*, par le Roy, DE NEUFVILLE, & scellé de cire jaune à double queue de Parchemin pendant.

VEUES les Lettres Patentes, données à Paris le quinzième de Janvier dernier, Par lesquelles le Roy veut, que Demoiselle Jeanne Duprat, Dame de la Terre & Baronie de Viteaux, jouisse de ladite Baronie, sans qu'elle y puisse être troublée sous pretexte d'aucune Commise, laquelle entant que besoin seroit Sa Majesté lui auroit remis & quitté, & revoqué tous Dons & Lettres, qui en pourroient avoir été faits au contraire, avec défenses au Procureur General d'en faire plus de poursuitte contre ladite Duprat, lui imposant pour ce regard silence perpetuel; Requête de ladite Duprat à ce que lesdites Lettres fussent enterinées; Conclusions du Procureur General, la Cour a enteriné & enterine lesdites Lettres, Ordonne qu'elles seront Regiſtrées, pour jouir par ladite Duprat du contenu en icelles selon leur forme & teneur.

Fait à Dijon en Parlement le treizième de Mars mil six cens & quatre. Prononcé à Maître Pierre Taisand, Procureur de ladite Damoiselle, assistant Maître Pierre de Littes Procureur audit Viteaux.

OBSERVATIONS.

Plusieurs réflexions se présentent à la lecture des trois précédentes Pièces.

1°. On y voit le Parlement recevoir l'appel du Procureur Général du Roy d'une prestation de Foi & Hommage, laquelle blessoit les interets de S. M.

2°. On y trouve une affaire de Commise, portée par appel au même Tribunal.

3°. Cette procédure y paroit autorisée par des Lettres Patentes du Roy. Car aulieu de prendre la voye de la cassation, comme on n'auroit pas manqué de faire, si le Parlement avoit passé les bornes de sa compétence, on recourt à la bonté de S. M. & on obtient des Lettres de don de la Commise.

4°. S. M. les adresse au Parlement, comme saisi de la contestation par la voye de l'appel. Ce qui n'auroit pas été fait, si cet appel avoit été nul, & contre les régles établies en Bourgogne.

Enfin l'Epoque de cette affaire est essentielle à observer. Car elle se passa dans le temps, que le Parlement, & la Chambre des Comptes de Dijon, poursuivoient au Conseil ce grand Réglement, qui fut rendu le 6 Avril 1604, & qui est imprimé ci-dessus. Ainsi puisque la Chambre n'osa faire le moindre mouvement, pour parvenir à la révocation des Arrests, que le Parlement avoient rendus à ce sujet, c'est un aveu formel de sa part, qu'elle ne se croyoit pas en droit de s'en plaindre.

XVII.

REPONSE DU MEME PARLEMENT,

Faite aux Deputez de la Chambre des Comptes, au sujet de l'Evocation, faite par ladite Cour, d'une Instance pendante en ladite Chambre, pour raison d'une Mouvance féodale.

Le 30 Juillet 1610.

MEssieurs Venot & Barbotte, Maîtres ordinaires en la Chambre des Comptes, ont demandé d'être ouys, & étans entrez, ont eu séance au dessous des Messieurs les anciens Conseillers, au rang du côté gauche en entrant, & étans assis, par la voix dudit sieur Venot ont dit, qu'ils ont été députez par ladite Chambre, pour supplier Messieurs de garder & entretenir le Réglement, qui avoit été fait entr'eux au Privé Conseil.

Que la Cour a évoqué un procès, pendant en ladite Chambre, entre le Procureur Général en Icelle, & le Prieur de Saint Jean de Semeur, au fait du Fief de Montilles, respectivement prétendu par les Parties. Et comme telle Evocation est fondée sur la personne de M. Bernard de la Grange, Maître ordinaire en la Chambre des Comptes, Seigneur dudit Montilles, qui n'étoit point Partie en ce Procès, ont supplié la Cour de dire, que les Parties plaideront en icelle, & non en ce Parlement.

A quoi

A quoi M. Berbisy, Tiers Président, leur a dit, que la Cour ne desire rien plus, que de vivre avec eux en bonne union, paix, & fraternité, & qu'elle ne veut point contrevenir au Réglement.

Quant au fait du differend du Fief de Montilles, *c'est une Cause Domaniale*, où ils sont appellables comme le Baillif; & que le Prieur de Saint Jean de Semeur ayant soutenu, ledit de la Grange être sa Partie, & qu'il ne pouvoit plaider en la Chambre des Comptes, la Cour avoit évoqué ce Procès conformément à l'Ordonnance.

XVIII.

ARREST DU MEME PARRLEMENT du 7 Juillet 1615.

Rendu sur la même Instance, pour Mouvance féodale, évoquée de la Chambre des Comptes.

ENTRE Frere Jean Josse, Prieur du Prieuré de Saint Jean de l'Evangile de Semeur en Auxois, Appellant de la Sentence des Requestes du Palais du 2 Juin 1604, & Demandeur par Requeste du 25 Juin 1610, d'une part.

Maître Bernard de la Grange, Conseiller du Roy, Me ordinaire en la Chambre des Comptes à Dijon, au nom, & comme ayant droit de Me Antoine de la Grange, ci-devant Conseiller du Roy au Parlement de Bourgogne son pere, Appellé & Défendeur, d'autre.

Vû l'Arrest du 29 Mars 1613, par lequel ladite Cause d'apel, & instance de Requeste auroient été jointes; ladite Sentence, par laquelle auroit été dit, au regard de la Commise prétendue par ledit Josse, & de quelques héritages de la Seigneurie de Montilles, dépendans du Fief dudit Prieuré de Saint Jean, qu'il n'y écheoit Commise, & les Parties mises hors de Cour & de Procès, & avant que faire droit sur la reconnoissance, & reprise de Fief desdits heritages, auroit été ordonné que la production des Parties seroit communiquée au Procureur Général, ladite Requeste, tendante à ce que l'Instance pendante en la Chambre des Comptes entre le Procureur du Roy en icelle, fût évoquée, non-obstant la réponse faite par ledit de la Grange, qu'il n'étoit Partie en ladite Instance, ains ledit Procureur du Roy seul; Commission de ladite Chambre, pour faire appeller ledit Josse Prieur, pour representer les Titres, en vertu desquels il prétend le Fief lui appartenir, en date du 11 Fevrier 1600; Exploit de Pelletier Huissier de l'Assignation par lui donnée audit Josse en ladite Chambre, à Requeste dudit Procureur du Roy en icelle, en vertu de ladite Commission du 12 May audit an 1604; Appointement de ladite Chambre du 4 Juin suivant, &c. Conclusions du Procureur Général du Roy, Ouy le Raport du Commissaire, tout consideré, La Cour, en ce qui concerne l'appellation de ladite Sentence des Requestes du Palais, a mis & met icelle à néant, sans amende, ordonne que ce dont a été appellé aura effet, dépens de ladite Cause d'appel entre les Parties compensez; Et faisant droit en ladite Instance de Requeste, touchant la reprise de Fief, a condamné & condamne ledit de la Grange à faire les Foi, & Hommage, & devoir de Fief audit Josse, en ladite qualité de Prieur de Saint Jean, pour tout le boys, &c. selon que lesdits heritages sont désignez és reprises de Fief produites par ledit Prieur, & donner dénombrement des héritages dans 40 jours après ledit Hommage, & devoir de Fief fait; a condamné & condamne ledit de la Grange en la moitié des dépens faits & supportez par ledit Josse, tant en ladite Chambre des Comptes, qu'instances de Requestes, l'autre moitié entre lesdites Parties compensée, la taxe desdits dépens, adjugez à ladite Cour, réservée. Fait en la Tournelle à Dijon le sept Juillet 1615.

OBSERVATIONS.

Les deux Pièces, qu'on vient de rapporter, ne sont pas moins considerables, que les autres, en faveur du Parlement.

Par la réponse, qu'il fit aux Députez de la Chambre des Comptes en 1610, on voit qu'il ne leur cacha pas, qu'il se croyoit en droit d'évoquer une Instance pendante pardevant eux pour une Mouvance féodale, où le Roy étoit interessé. Il leur fit entendre de plus, que c'étoit une matiere domaniale, où leurs Jugemens n'étoient pas moins sujets à l'appel, que ceux des Baillages. La Chambre s'en tint-elle pour offensée? En porta-t-elle ses plaintes au Roy?

Loin de là, elle laissa tranquillement juger cette affaire au Parlement, cinq ans après, sans qu'elle, ni le Maître des Comptes, qui y étoit Partie, & qui fut même condamné par l'Arrest, parussent s'en formaliser. Peut-on nier, que ce ne soit une reconnoissance bien forte de la part de la Chambre, de la Compétence & de la Superiorité du Parlement en ces sortes de matieres? Et après les avoir ainsi reconnues en 1615, quel prétexte, quel titre nouveau a-t-elle, pour les méconnoître aujourd'hui?

XIX.

ARREST DU CONSEIL D'ETAT du 14 Juillet 1622.

Qui en confirme un autre du Parlement de Dijon, rendu sur l'appel d'un Jugement d'un Maître des Comptes à ce député, en fait de lods prétendus par le Roy.

ENTRE Damoiselle Jeanne Réydelet, veuve de feu Jean de Grenault, Ecuyer sieur de Lunes, & Rougemont, Demandresse en Requête du 20 Avril 1621, d'une part, & Messire Henry de Savoye, Duc de Nemours, & de Genevois, Marquis de Saint Rambert, & Messire Louis de Séyssel, Marquis d'Aix, & Comte de Montreal en Bugey, Défendeurs d'autre; & Messire Charles de Lomenie, Conseiller de Sa Majesté en ses Conseils, donnataire de Sa Majesté des droits de lods, & autres droits Seigneuriaux à elle deus, à cause de la vente & acquisition de ladite Terre & Seigneurie de Rougemont en Beugey, reçû Partie intervenante par Arrêt du 6 Octobre audit an 1621; & encore entre ledit sieur de Lomenie Demandeur en Requête du 24 Mars 1622, & lesdits sieurs Duc de Nemours, Comte de Montreal, & ladite Réydelet Défendeurs; & encore entre ledit sieur Comte de Montreal Demandeur en Requête du 19 Avril audit an 1622, & ladite Reydelet, & ledit sieur Duc de Nemours Défendeurs d'autre; Et Me Pierre Porcelet, Secretaire de la Chambre de Sa Majesté, par elle commis à la Recette des droits d'indemnité, d'affranchissemens, lods & indemnitez deus en Bourgogne, & ès Pays de Bresse, Beugey, Valromey & Gex, reçû Partie intervenante par Arrêt du 10 May audit an 1622, d'autre part. Veu par le Roy en son Conseil, la Requête de ladite Reydelet dudit jour 20 Avril 1621, contenant que par le Traité de Paix, qui fut fait en l'an 1600, entre le feu Roy Henry le Grand, que Dieu absolve, & le sieur Duc de Savoye, la Province de Beugey & Pays de Bresse ont été acquis à Sa Majesté, avec tous droits de Domaine & Souveraineté. Au moyen dequoi *le sieur Venot, l'un des Maîtres des Comptes en la Chambre de Bourgogne, ayant été deputé Commissaire pour la recherche des lods & ventes, qui appartiennent à Sadite Majesté* en ladite Province de Beugey, ledit feu de Grenault auroit representé au mois de Decembre 1614, pardevant ledit Commissaire le Contrat d'acquisition par lui faite de ladite Terre de Rougemont, afin d'en payer à Sa Majesté les droits de lods. Neanmoins les Officiers dudit sieur Duc de Nemours, pretendans que ladite Terre & Seigneurie de Rougemont étoit mouvante de son Marquisat dudit Saint Rambert, & soûtenant que lesdits lods & ventes lui devoient être payez, ledit Commissaire auroit ordonné, qu'ils seroient taxés & ordonnez sur ledit Contrat à la somme 7500 liv. qui demeureroient entre les mains dudit défunt de Grenault par forme de dépôt, *jusqu'a ce que le Procureur General en ladite Chambre des Comptes de Bourgogne eût été oui.* Neanmoins ledit Commissaire, par une pure contravention à son Ordonnance, auroit fait main-levée audit sieur Duc de Nemours desdits lods. Si que le Procureur d'Office dudit sieur Duc de Nemours ayant en même temps fait assigner ledit de Grenault pardevant les Officiers dudit Saint Rambert, pour voir ordonner ladite Terre acquise audit sieur Duc de Nemours, sur la prétendue dénégation dudit fief, & après plusieurs procedures de part, & d'autre, le sieur Comte de Montreal étant intervenu en l'instance, & y ayant écrit & produit, comme prétendant le même fief, sans que ladite Reydelet aye eu moyen de contredire à ladite intervention, Arrêt du 8 Mars audit an 1621, auroit été donné en la Cour de Parlement de Dijon, par lequel ledit fief auroit été adjugé ausdits sieurs Duc de Nemours, & de Montreal. Ce qui donneroit juste sujet à ladite Reydelet de demander la cassation dudit Arrêt, si elle n'avoit en main la preuve d'une contrarieté manifeste entre ledit Arrêt, & un autre donné en la Chambre des Comptes de Savoye, le 15 Janvier 1586; ces deux Arrêt donnez en Cours Souveraines, l'un desquels ne peut subsister, puisqu'ils sont contraires, & neanmoins il est indubitable, que l'Arrêt de ladite Chambre des Comptes de Savoye ne peut recevoir aucune difficulté. Requeroit ladite Reydelet, attendu ce que dessus, qu'il plût à Sa Majesté casser, revoquer, & annuller ledit Arrêt du 8 Mars 1621, donné audit Parlement de Dijon; Arrêt sur icelle dudit jour, par lequel auroit été ordonné que lesdits sieurs Duc Nemours, & de Montreal seroient assignez audit Conseil aux fins de ladite Requête, pendant lequel temps surseoiroit l'éxécution de l'Arrêt dudit Parlement de Dijon; ledit Arrêt du Parlement de Dijon du 8 Mars 1621, contradictoirement donné, entre ledit de Grenault Appellant des susdites Sentences des 1 Decembre 1616, & 14 Novembre 1617, ledit sieur Duc de Nemours, & ledit sieur Marquis d'Aix reçû intervenant d'autre, par lequel ladite Cour auroit mis lesdites appellations, & ce donc auroit été appellé au néant, & par nouveau jugement, faisant droit tant au principal, que sur l'intervention dudit sieur Comte de Montreal, sans s'arrêter à ladite commise pretendue, au regard de la quelle, elle auroit mis les Parties hors de Cour & de procès, auroit condamné ladite Reydelet, veuve Grenault, à payer ausdits sieurs Duc de Nemours, & Comte de Montreal, à chacun d'eux à proportion de ce qui se trouvera dépendre de leurs fiefs, ou censive, les lods du prix de l'acquisition faite par icelui de Grenault de ladite Terre de Rougemont; encore à payer les interêts desdits lods de ce qui se reconnoîtra, en appartenir audit sieur Duc de Nemours, à compter dès le 7 Decembre 1616, jour de la signification, qui auroit été faite audit de Grenault de la main levée, accordée par lesdits Commissaires, desdits droits de lods audit sieur Duc de Nemours, selon que le tout seroit liquidé à l'éxécution dudit Arrêt, &c. Tout consideré, Le Roy en son Conseil, sans avoir égard à l'intervention desdits de Lomenie, & Porcelet, & Requête du 24 Mars 1622, a debouté & deboute la Demanderesse de ses Requêtes des 20 Avril 1621, 30 Mars, 29 Avril, & 19 May dernier, sauf à elle à se pourvoir par les voyes de droit, & la condamnée & condamne ès depens envers ledit Comte de Montreal, & sans dépens pour le regard dudit sieur Duc de Nemours. Fait au Conseil d'Etat du Roy tenu à Paris le 14 de Juillet 1622. Collationné, & *signé* DE FLECELLES.

OBSERVATIONS.

Ceci n'est point une simple preuve de l'usage, où le Parlement de Dijon a été de toute ancienneté, de juger en dernier ressort les Procès, où il est question de droits féodaux, prétendus par le Roy. C'est une confirmation formelle de cet usage, faite par un Arrêt du Conseil d'Etat dans les circonstances les plus fortes.

En effet le Parlement, par son Arrêt du 8 Mars 1621, avoit jugé un procès, où il étoit question de sçavoir, si les lods de la Terre de Rougemont, acquise par le sieur de Grenault, apartenoient au Roy, où au Duc de Nemours, & au Comte de Monreal.

De plus cet Arrêt avoit été rendu sur l'appel d'un Jugement du sieur Venot, Maître des Comptes, Commissaire à ce deputé. En sorte que la Chambre ne pouvoit ignorer ce qui se passoit en cette affaire.

Enfin la cassation de cet Arrèt étoit ponrsuivie très vivement par différentes Parties, qui n'auroient pas manqué de relever l'incompétence du Parlement, s'il y avoit eu sujet de le faire.

Cependant l'Arrèt du Parlement fut confirmé par celui dn Conseil. Que pourroit-on opposer à une décision aussi solemnelle?

XX.

ARREST DU PARLEMENT DE DIJON du 16 Juillet 1627.

Rendu sur l'Appel d'un Jugement de la Chambre des Comptes, en matiére de Liquidation de Lods dûs au Roy.

ENTRE Jean François de Grenault, Sieur de Rougemont, Appellant de Jugement donné en la Chambre des Comptes à Dijon le 16 Decembre 1623, & de tout ce qui s'en est ensuivi, d'une part.

Me Jean Lormier, Conseiller & Secretaire du Roy, Appellé, & Dame Henriette de Balsac, Marquise de Verneuil, Intervenante d'autre.

Vû l'Arrest du 23 de Juillet 1624, par lequel la Cour, Parties ouies, & de Xaintonge, pour le Procureur Général du Roy, auroit ordonné, qu'elle en délibereroit au Conseil sur le Registre, & Piéces, qu'elles mettroient promptement pardevant le Greffe; ledit Jugement, par lequel ledit de Grenault auroit été condamné à payer audit Lormier les lods, qu'il devoit à cause de l'acquisition par lui faite de la Terre de Lunes, suivant qu'ils seroient liquidez en éxécution par le Commissaire de ladite Chambre des Comptes, dépens de l'incident entre les Parties compensés, ordonné en outre audit de Grenault, de satisfaire au devoir de Fief de ladite Terre dans le premier jour d'entrée après les Rois lors prochain, à peine que ledit temps passé, ladite Terre seroit saisie, & mise sous la main du Roy; Procès verbal dudit Commissaire du quinze de Janvier mil six cent vingt-quatre, contenant l'éxécution dudit Jugement; Arrest du 2 de Juin 1625, par lequel l'intervention de ladite de Balsac auroit été reçûe en l'état qu'étoit le Procès, sans retardation, ordonné qu'elle bailleroit ses moyens d'Intervention, & produiroit tout ce que bon lui sembleroit dans quinze jours; promesse dudit de Grenault du 21 Août 1621, par laquelle il auroit promis audit Lormier, de lui fournir à Lyon ès mains des sieurs Neyret & Guillard, demeurans en rue Saint Jean, la somme de mille livres, en lui fournissant Lettres, bien & duement verifiées en ladite Chambre des Comptes, du don des Droits de lods & ventes dûs à Sa Majesté, à cause de la vente faite de ladite Maison de Lunes, avec acquit dudit Lormier bon & valable de ce à quoi pourroient monter lesdits Lods & Droits appartenans à Sadite Majesté, ensemble du don qu'elle lui en auroit fait, &c. La Cour, sans s'arrêter à l'Intervention de ladite de Balsac, a mis & met ladite Appellation, & ce dont a été appellé à néant, & par nouveau Jugement, a condamné & condamne ledit de Grenault à payer audit Lormier ladite somme de mille livres, contenue en sa promesse du 21 d'Avril 1621, & interêts de ladite somme à raison denier seize, à compter du 1 de Fevrier 1622, jour de la verification faite en ladite Chambre des Comptes des Lettres de don, obtenues par ledit Lormier des lods de ladite Terre de Lunes, & condamne ledit de Grenault ès dépens de ladite Cause d'appel envers ledit Lormier, tous autres entre lesdites Parties compensés, la taxation de ceux ci-dessus adjugés à ladite Cour réservée. Fait en la Tournelle à Dijon, le seize Juillet mil six cent vingt-sept, *Signé* GUYTON.

OBSERVATIONS.

Cet Arrest est encore une preuve de l'usage du Parlement de Dijon, de recevoir les Appellations des Jugemens de la Chambre des Comptes, en fait de Liquidation des Lods, qui appartiennent au Roy.

XXI.

XXI.

ARREST DU PARLEMENT DE DIJON du 19 Mars 1637.

Qui juge un procès évoqué de la Chambre des Comptes, pour adjudication de lods dûs à Sa Majesté.

ENTRE Me Seraphin de Mauroy, Grand Maître des Eaux & Forêts de Bourgogne, Demandeur par Requête du 15 Mars 1630, d'une part; Dame Micaude de Vachon, veuve de Messire Pierre de Granay, Conseiller au Parlement de Grenoble, & Président au Siege Presidial de Bourg en Bresse, Melchior de la Poipe, Baron de saint Julien, mari de Dame Catherine de Granay, fille & heritiere dudit défunt.

Dame Claude de Villelune, Dame de Meximieux, femme de Jean de Pontaillier, sieur de Tallemet, & Dame Anne de Lorraine, Duchesse de Genevois, & & Nemours, au nom & comme baillitte de ses enfans, heritiers par benefice d'inventaire dudit défunt, Défendeurs d'autre.

Et entre lesdits de Vachon, & de la Poipe, Demandeurs par Requête du 11 Mars 1631, d'une part.

Ledit de Mauroy, ladite Dame Duchesse de Nemours, en la susdite qualité, & ladite de Villelune, Défendeurs d'autre.

Vû ladite Requête du 15 Mars 1630, presentée par ledit de Mauroy à la Cour des Aydes, lors séant à Beaune, à ce qu'ayant égard, que Sa Majesté lui auroit fait don de tous les lods & ventes, quints & requins, écheus & à échoir, qui lui appartiennent par la vente & délivrance faite par Decret des Terres & Seigneurie de Meximieux, & la Cueille, situées au pays de Bugey, suivant que ledit don étoit raporté par le Brevet, & Lettres Patentes verifiées par Arrêt du 27 Fevrier 1629; & comme par ledit Arrêt auroit été dit, que les Acquereurs desdites Terres seroient assignés à la diligence dudit de Mauroy, pour reprendre de fief, & faire les devoirs dûs à Sadite Majesté, icelui de Mauroy, pour y satisfaire auroit fait appeller ladite de Villelune, & ledit de Granay, Acquereurs desdites Terres, pour voir liquider lesdits lods, & reprendre de fief. Mais comme la cause avoit été remise, & icelle demeurée sans poursuite depuis ledit temps, il requeroit qu'ils fussent de nouveau appellez pardevant Commissaire, que ladite Cour deputeroit, pour se voir condamner au payement desdits lods, suivant la liquidation, qui en seroit faite; exploits des assignations donnés en vertu de l'Arrêt étant sur ladite Requête; autre Requête presentée en ce Parlement par ladite de Vachon, veuve dudit de Granay, le 11 Mars 1631, à ce qu'attendu la réunion des Aydes, faite audit Parlement, il plût à la Cour ordonner, que ledit de Mauroy s'y pourvoiroit, & à cet effet que les Parties seroient assignées pardevant Commissaire de ladite Cour, pour proceder en ladite instance; Arrêt donné sur ladite Requête, par lequel auroit été dit, que les Parties seroient ouies pardevant le Commissaire à ce deputé; Conclusions du Procureur General du Roy; oui le rapport du Commissaire, La Cour, sans s'arrêter à l'opposition de ladite Dame Duchesse de Nemours, au regard de laquelle elle a mis & met les Parties hors le Cour, & de Procès, faisant droit tant sur les conclusions dudit Procureur General, qu'en l'instance intentée par ledit de Mauroy, a adjugé & adjuge à Sa Majesté les lods des ventes faites de ladite Terre de la Cueille. Et ayant égard au don fait audit de Mauroy par Sadite Majesté, adjuge à icelui de Mauroy les lods de la derniere vente faite de ladite Terre de la Cueille, suivant que le tout sera reconnu & liquidé à l'éxécution du present Arrêt, tous depens entre lesdites Parties compensés.

Fait en la Chambre des Enquêtes à Dijon le 19 Mars 1637. Collationné. *Signé*, MYETTE, & GUYTON.

OBSERVATIONS.

Voici encore une piéce bien importante, pour justifier, nonseulement que les procez pour adjudication & liquidation des droits Féodaux dûs au Roy sont de la compétence du Parlement; mais de plus, que la Chambre des Comptes de Dijon l'a reconnu elle-même.

On ne peut nier, que la contestation, sur laquelle intervint cet Arrêt, ne fût de cette nature.

Il n'est pas moins certain, que l'instance avoit d'abord été introduite en la Chambre des Comptes. C'avoit été à la vérité sous le faux prétexte, que c'étoit une matiere d'Aydes quoi qu'elle fût constamment de Domaine. Mais la Chambre, à qui la connoissance du Domaine avoit été interdite par l'Edit de 1626, saisissoit toutes sortes d'occasions de s'y maintenir, comme il a été observé ci-dessus.

Cependant, lorsque la Cour des Aydes lui eût été ôtée, aussi bien que la jurisdiction du Domaine, les Parties n'ayant plus aucune raison de plaider à la Chambre des Comptes, se pourvurent au Parlement pour demander, que l'instance y fût évoquée, & jugée. Elle le fut en effet, sans que la Chambre, qui se vit par là dépouillée d'une affaire, dont elle étoit saisie, osât réclamer, ni se plaindre. C'est donc encore un acquiescement de sa part sur cet Article.

En fouillant dans les Régistres du Parlement, on auroit sans doute trouvé bien d'autres preuves de l'usage, où il a été de tout tems, de connoître des matiéres, que la Chambre des Comptes lui dispute. Mais c'est un travail, qui auroit été aussi inutile, qu'ennuyeux. Le Parlement pouvoit même s'en tenir aux Réglemens, qui ont été faits entre les deux Compagnies. Mais il a crû, qu'en cas qu'on y trouvât du doute, il ne pouvoit pas le mieux éclaircir, qu'en montrant par quelques exemples choisis la maniere, dont ils ont été éxécutez dans les tems voisins, où la matiere étoit sans doute mieux entendue.

XXII.

DE'CLARATION DU ROY
Du Mois de Fevrier 1632.

Qui maintient la Chambre des Comptes de Dijon au Droit, de recevoir les Foi & Hommages des Vassaux de Sa Majesté, nonobstant l'Edit du mois d'Avril 1627.

LOUIS, &c. L'état de nos affaires Nous ayant obligez, pour subvenir aux dépenses de la guerre, de créer quelques Officiers nouveaux au Bureau de nos Finances établi à Dijon, comme en toutes les autres Généralitez de ce Royaume, par nos Edits des mois d'Avril 1627, & 1628, avec attribution de differentes fonctions aux Présidens, Tresoriers de France, & Généraux de nos Finances, audit Bureau, *notamment la réception des Foy & Hommages de tous les fiefs dépendans de notre Domaine, & par main souveraine, quand elle échet*; lesquels ayant été presentez à nos amés & feaux Conseillers, les Gens de nos Comptes audit Dijon, pour les faire enregistrer, ainsi qu'il avoit été fait en notre Parlement, ils nous auroient, avant que d'y procéder, fait remontrer, que comme Juges Souverains ils ont les deposts des Livres, titres, & enseignemens des droits de notre Domaine en nos pays de Bourgogne & Bresse, avec pouvoir de toute ancienneté, de recevoir, vérifier, & garder les Aveux & Denombremens, user de main mise faute de devoirs non faits, donner souffrance, & main-levée pour raison desdits fiefs & Hommages, sans qu'aucuns autres nos Juges & Cours en puissent connoître. Ce que consideré, & attendu que notre intention n'a point été d'ôter, diminuer, ni changer en aucune maniere par lesdites créations & attributions les connoissances d'Hommages, & Serment de fidelité dûs à notre personne, pour les fiefs relevans de notre Couronne, Terres, Seigneuries de notre Domaine; sçavoir faisons, qu'après avoir mis cette affaire en déliberation en notre Conseil, de l'avis d'icelui pris, & de notre certaine science, pleine puissance, & autorité Royale, Nous avons par le present Edit perpétuel, & irrévocable revoqué, & revoquons les clauses inserées en nosdits Edits des mois d'Avril 1627,& 1628, concernans l'attribution ausdits Presidens Tresoriers de France, & Généraux de nos Finances, en la Généralité de Bourgogne & Bresse, *des Receptions de Foi & Hommages des Fiefs de notre Domaine, Lettres de Souffrance, & de Confortemain*, Voulons & Ordonnons, que pour raison de ce, & choses en dépendantes, il en soit usé envers notredite Chambre des Comptes, *comme il a été fait auparavant nosdits Edits*, & conformément aux Lettres de Déclaration, & Ordonnance des Roys nos Predecesseurs dûement registrées. Si donnons en Mandement, &c. Donné à Versailles au mois de Fevrier, l'an de grace 1632; Et de notre regne le vingt-deuxiéme, *Signé*, LE BAULT.

OBSERVATIONS.

Bien loin que cette Déclaration puisse être utile à la Chambre des Comptes, elle fait sa condamnation.

Par l'Edit de 1627, le Roy avoit attribué aux Tresoriers de France, nonseulement la connoissance des Procez, qui pourroient naître pour raison des Hommages des Vassaux de Sa Majesté, mais encore la réception des Foi & Hommages. Par cette Déclaration le même Edit se trouve révoqué pour la réception des Foi & Hommages, Lettres de souffrance, & de conforte main seulement. Donc les Tresoriers ont été conservez dans tout le reste de leur attribution.

D'ailleurs, quand on supposeroit le contraire, il est ajouté en la Déclaration, que pour les Droits, dans lesquels la Chambre est maintenue, elle en usera comme il a été fait par le passé. Or le Parlement a prouvé incontestablement, qu'avant ce temps là il avoit toujours jugé les Procez pour Mouvances & Commises feodales en dernier ressort, & par appel des Jugemens de la Chambre des Comptes. Si le Roy juge à propos, que les choses restent encore sur ce pied, le Parlement ne s'y oppose pas.

XXIII.

ARREST DU CONSEIL D'ETAT DU ROY du 24 Fevrier 1688.

Qui renvoye en la Chambre des Comptes de Dijon une Contestation pour Mouvance féodale.

LE Roy étant informé, que le 25 de Septembre 1685, le sieur Genreau, Procureur Général en la Chambre des Comptes de Bourgogne, avoit fait saisir féodalement le Fief de Coulangeron, comme mouvant de S. M. à cause du Comté d'Auxerre, faute par le sieur d'Assigny, Propriétaire dudit Fief, d'en avoir rendu la Foi & Hommage; sur laquelle saisie il seroit intervenu Arrest en ladite Chambre le 15 de Fevrier 1686, par lequel il auroit été ordonné au Propriétaire dudit Fief de satisfaire incessament aux devoirs de Fief, & Hommage, auquel il est tenu, & cependant adjugé à Sa Majesté, suivant la Coutume, les fruits & revenus de ladite Saisie, jusqu'à la reprise actuelle. En consequence de cet Arrest ledit sieur d'Assigny auroit fait sa soumission le 29 de Mars ensuivant, portant Déclaration de la valeur & revenu dudit Fief. Depuis lequel temps ledit sieur d'Assigny a obtenu des Lettres en la Chancellerie du Palais à Paris le 20 de Septembre audit an, sur l'exposé par lui fait, que ledit Fief étoit saisi féodalement par le Procureur Général de ladite Chambre des Comptes de Dijon, & par le sieur Duc de Nevers, qui prétend aussi que ledit Fief est mouvant de lui; partant qu'en attendant la décision de la contestation, il sera reçû à jouir dudit Fief par main souveraine. En consequence ledit d'Assigny a fait assigner le Procureur Général de ladite Chambre aux Requêtes du Palais à Paris le 10 Janvier dernier. A quoi étant nécessaire de pouvoir; Vû les Lettres Patentes du 23 Janvier 1548, par lesquelles la Jurisdiction de ladite Chambre des Comptes de Dijon est établie sur les Fiefs mouvans des Duché de Bourgogne

& Comté d'Auxerre ; l'extrait tiré d'un ancien Regiſtre de ladite Chambre de ladite année, qui juſtifie, que ledit Fief de Coulangeron eſt au nombre de ceux, mouvans immediatement de Sa Majeſté, à cauſe du Comté d'Auxerre ; l'Acte de Foi & Hommage, rendu le 30 Decembre 1660, dudit Fief par François Marchand, auteur du ſieur d'Aſſigny ; & oui le Rapport du ſieur le Pelletier, Conſeiller ordinaire au Conſeil Royal, Controlleur Général des Finances, SA MAJESTE', étant en ſon Conſeil, ſans s'arrêter aux Lettres obtenues par ledit d'Aſſigny, ni à l'aſſignation donnée en conſequence audit ſieur Genreau, Procureur Général en la Chambre des Comptes à Dijon, aux Requeſtes du Palais le 10 Janvier dernier, dont Sa Majeſté l'a déchargé & décharge, a ordonné & ordonne, que ledit d'Aſſigny ſe pourvoira en ladite Chambre des Comptes de Dijon. Cependant Sa Majeſté lui fait très-expreſſes inhibitions & défenſes de faire aucunes pourſuites ailleurs, qu'en ladite Chambre, pour raiſon des Foi & Hommage du Fief de Coulangeron, à peine de nullité, caſſation de procedures, & de tous dépens, dommages & intereſts. Fait au Conſeil d'Etat du Roy tenu à Verſailles le 24 jour de Fevrier 1688. *Signé*, ROUILLET, *& ſcellé* du grand Sçeau en cire jaune.

OBSERVATIONS.

Quel uſage peut faire la Chambre des Comptes de Dijon de cet Arrêt au Procès, qu'elle a contre le Parlement?

Eſt-ce pour prouver, qu'avant la Déclaration de 1703, qui a attribué aux Treſoriers de France en Bourgogne la Juriſdiction contentieuſe du Domaine, la Chambre ſe maintenoit, autant qu'elle pouvoit, en l'uſage de connoître de ces ſortes d'affaires, comme avant les Edits de 1626, & 1627? C'eſt un fait, qu'on ne lui conteſte point.

Eſt-ce pour établir, que cette connoiſſance lui a été attribuée en dernier reſſort? C'eſt de quoi il n'eſt pas dit un ſeul mot par cet Arreſt.

Au contraire, la Chambre des Comptes de Dijon n'y établiſſant ſon Droit, que ſur les Lettres Patentes de 1548, qu'on a vûes ci-deſſus, & étant certain qu'alors l'appel des Jugemens de la Chambre en ces ſortes de cas étoit porté au Parlement, il eſt évident que le renvoi de cette affaire n'a été fait à la même Chambre, que ſuivant ce qui ſe pratiquoit en 1548.

EDITS

EDITS, DECLARATIONS, ET ARRETS, Concernans la Jurisdiction des autres Chambre des Comptes du Royaume.

I.

ARREST DU CONSEIL PRIVE' du 15 Septembre 1551.

Qui ordonne, que la Déclaration du Roy Louis XI. de l'an 1461, servira de Réglement entre le Parlement de Toulouze, & la Chambre des Comptes de Montpellier.

HENRY, Par la Grace de Dieu Roy de France, A tous ceux qui ces presentes Lettres verront, Salut. Comme au moyen des différends & débats, intervenus entre les Juges ordinaires sous le ressort, & aussi entre les Gens de notre Cour de Parlement de Toulouze d'une part; & les Gens de nos Comptes, séans à Montpellier d'autre part, pour plusieurs procez de plusieurs Parties, qu'ils ont entrepris les uns sur les autres, où sont intervenus diversitez de Sentences, Jugemens, & Arrêts contraires les uns aux autres, à la grande foule de nos Sujets, & détriment de notre Justice. Pour à quoi obvier notre Procureur General en notre Cour de Parlement de Toulouze le 6 jour d'Aout 1550, auroit de Nous obtenu Lettres Patentes, en vertu desquelles il auroit fait assigner & adjourner lesdits Maîtres & Officiers de notre Chambre des Comptes, à comparoir pardevant Nous en notredit Conseil privé au premier jour d'Octobre ensuivant, pour par homme d'eux instruit venir défendre en notredit privé Conseil aux fins requises & specifiées esdites Lettres, & pour venir recevoir tel Réglement, que par Nous en nôtre privé Conseil seroit avisé. Auquel jour, & autre dépendant d'icelui, & par Nous continué aux Parties seroient comparus en notredit Privé Conseil; c'est à sçavoir notre Procureur General en notre Cour de Parlement de Toulouze par Maître Bertrand Deygua, notre Conseiller & Avocat en icelui Parlement de Toulouze d'une part & notre cher & bien amé Maître Antoine de Gavauldan pour les Gens & Officiers des Comptes dudit Montpellier d'autre part. Et après avoir au long oui icelles Parties en notre dit Conseil, en tout ce qu'elles auroient voulu dire & alleguer, ensemble Maître Pierre de Costa, Juge Mage de Montpellier, qui auroit requi être reçû à déduire son interêt, aurions ordonné, qu'elles remettroient leurs dires & remontrances, facs, piéces, & productions pardevers notre amé & feal Conseiller, & Maître des Requêtes ordinaire de notre Hotel, Me Jean d'Avanson. A quoi elles auroient satisfait, & fourni & mis par devers ledit d'Avanson leurs avertissemens, productions, leurs remontrances & conclusions, pour en fait raport, &c. & tout ce qui a été mis pardevers ledit Commissaire; oui son raport, Nous pour aucunes causes à ce Nous mouvans, avons évoqué, à Nous & notredit Conseil, tous les procez & differends pendant en notredit Grand Conseil, entre notredit Procureur en ladite Chambre des Comptes d'une part, à l'encontre tant dudit Costa, que autres parties, ensemble toutes les autres instances, pour l'éxemption prétendue par les Maîtres, & Officiers desdits Comptes, & iceux procez & procédures avons mis & mettons au néant, & les Parties hors de Cour & de Procez, sans dépens, dommages & interêts d'une part & d'autre, & pour cause; & neanmoins que les Maîtres & Officiers de notredite Chambre en leurs procez & différends seront tenus de plaider pardevant les Juges ordinaires, & en dernier ressort par appel en notredite Cour de Parlement de Toulouze.

Et au surplus, à ce que nos Officiers de notredite Cour de Parlement, & Chambre des Comptes, soient dorénavant chacun d'eux entretenus en leurs droits & prééminences, sans entreprendte les uns sur les autres, Avons, par avis & déliberation des Gens de notre Conseil Privé, dit, statué, & ordonné, & par la teneur de ces presentes, disons, statuons, & ordonnons, que lesdits Maîtres & Officiers de notredite Chambre des Comptes *ne pourront dorénavant entreprendre aucune jurisdiction, ni connoissance*, fort seulement procéder à l'Arrêt & clôture des Comptes, appendances, & dépendances d'iceux, comme porte leur érection; & *généralement se régleront, comme il est porté & contenu par le Réglement donné par le Roy Louis XI. audit an 1461*, dont l'extrait est ci-attaché, & que Nous voulons & ordonnons être observé & gardé selon sa forme & teneur. Si donnons en mandement, &c. DONNE' à Fontainebleau le 15 jour de Septembre l'an de grace 1551, & de notre regne le cinquiéme, *Signé* sur le repli, par le Roy en son Conseil, Clausse. *Lecta, publicata & registrata, requirente Procuratore Generali Regis, Tholosæ in Parlamento, 23 Decembris, anno Domini 1551. Burnet*, Signé.

OBSERVATIONS.

C'est ici l'Arrêt, qu'on a cité plus haut, pour prouver, que postérieurement au Réglement de 1520, fait pour la Chambre des Comptes de Paris, quand il est survenu quelques difficultez sur la Jurisdiction des autres Chambres des Comptes du Royaume, elles ont été décidées, non suivant ce Réglement, mais suivant la Déclaration de 1461, imprimée cidessus pag. 4, à laquelle on peut recourir.

Il ne faut donc pas être surpris, si elle a servi de fondement au Réglement, qui intervint en 1604, entre le Parlement, & la Chambre des Comptes de Bourgogne, & si le Parlement de Dijon en demande encore aujourd'hui l'execution.

II.

CONCORDAT

PASSE' ENTRE LE PARLEMENT, ET LA CHAMBRE DES COMPTES DE DAUPHINE' le 8 Juillet 1564.

Tiré de l'imprimé de l'Arrest donné au Conseil entre lesdites Compagnies le 6 Octobre 1691. pag. 63, 64.

Qui porte, que ladite Chambre ne connoîtra des Points de Droit.

COpie de Concordat passé entre le Parlement, & la Chambre des Comptes de Dauphiné le 8 Juillet 1564, par lequel entr'autres choses il est porté, que quant aux Procez du Domaine, & Droits Seigneuriaux du Roy, où écherra Jurisdiction contentieuse, l'Instruction se feroit par deux Officiers, l'un du Parlement, & l'autre de ladite Chambre, pour procéder à l'instruction desdits Procez, lesquels instruits seront jugez par ledit Parlement, appellez les Gens des Comptes, qui y auront voix déliberative *ès choses, où il n'écherra difficulté de Droit.* Ensuite sont des Lettres Patentes du Roy Charles du 10 Aoust 1564, qui homologuent lesdits Articles & Concordats.

OBSERVATIONS.

Ce Concordat passé entre le Parlement, & la Chambre des Comptes de Grenoble, est très-digne d'attention.

Car quoiqu'alors ces deux Compagnies fussent en quelque maniere associées, pour connoître des matieres domaniales, les Gens des Comptes, consultans leurs forces, & leurs lumieres, n'hésiterent pas à se rendre justice, en consentant de n'avoir point de voix déliberative dans les affaires, où il s'agissoit de difficulté de Droit.

Et en effet, quelle apparence y auroit-il, de confier la décision de pareilles matières à des Officiers, qui ne sont point obligez d'être Graduez, ni de s'instruire d'autre chose, que de la Finance?

C'est pourtant à cette prérogative qu'aspire aujourd'hui la Chambre des Comptes de Dijon, sans vouloir considérer, que les contestations pour les Mouvances, & pour les Commises féodales, font naître ordinairement les Questions de Droit les plus difficiles.

III.

ARTICLE XXIX.

Du Réglement fait au Conseil d'Etat du Roy le 6 Octobre 1691, entre le Parlement, la Chambre des Comptes, & les Tresoriers de Dauphiné.

MAintient & garde S. M. lesdits Tresoriers de France en premiere instance, & ledit Parlement par appel de leurs Ordonnances, en la connoissance, & Jurisdiction de tous procez, & differends civils, mûs & à mouvoir, pour raison du Domaine de Sadite Majesté, *tant pour les Droits fixes, que pour les Droits casuels, & féodaux, sans aucune exception*; même en la fonction d'apposer les scellez, & procéder à l'inventaire, & description des biens, appartenans à S. M. par Aubaine, Desherence, Confiscation, & autres Droits de biens vacans, &c. comme pareillement dans le droit de proceder *à l'adjudication & liquidation des lods, & ventes*, & autres Droits casuels, Seigneuriaux, & féodaux, si aucuns sont dûs au Roy, sauf l'appel au Parlement.

OBSERVATIONS.

Cet Article décide les plus grandes difficultez, qui soient entre le Parlement, la Chambre des Comptes, & les Tresoriers de France en Bourgogne.

Il donne aux Tresoriers en premiere Instance, & au Parlement par appel, la connoissance des Procez pour raison des Droits Seigneuriaux, & Féodaux, où le Roy est interessé, sans exception. Il leur donne donc la connoissance des combats de Fief. Car on ne peut nier, que la Mouvance d'un Fief ne soit un Droit Féodal, & Seigneurial.

Cet Article leur attribue encore le Droit de procéder à l'Adjudication & Liquidation des lods & ventes, & autres Droits, qui peuvent être dûs au Roy. Voilà donc la prétention de la Chambre des Comptes de Dijon condamnée encore sur ce point.

IV.

EXTRAIT

Du Réglement fait au Conseil d'Etat du Roy le 23 Août 1608, entre le Parlement, & la Chambre des Comptes de Provence. Dans Fontanon, Tom. 4. pag. 1446.

LEs Commissaires, qui seront députez par ladite Chambre des Comptes, jugeront toutes Causes & Procez du Domaine du Roy en premiere Instance, *& ladite Cour de Parlement par appel*, ainsi qu'ils ont accoutumé, suivant la Déclaration du 7 Juillet 1557.

OBSERVATIONS.

Ce Réglement confirme de plus en plus, que rien n'est plus ordinaire, que de voir les Jugemens des Chambres des Comptes, ou de leurs Commissaires, sujets à l'appel, lorsqu'ils ont voulu connoître des matiéres du Domaine du Roy. Ainsi la Chambre des Comptes de Dijon ne doit pas se récrier si fort contre un usage, autorisé par tant de décisions solemnelles.

V.

ARREST DU CONSEIL D'ETAT DU ROY du 5 Septembre 1697.

Servant de Réglement entre le Parlement, la Chambre des Comptes, & les Bureaux des Finances & de Normandie.

ENTRE les Presidens, Tresoriers Generaux de France des Bureaux des Finances, & Chambre du Domaine, des Generalitez de Rouen, Caën, & Alençon, Demandeurs, aux fins de la Requête par eux presentée au Conseil, inserée dans l'Arrêt du Conseil d'Etat intervenu sur icelle le 12 Juillet 1695, &c. Ausquelles commission & exploit, lesdits Présidens, Tresoriers de France, de Caën, & Alençon, sont adherans d'une part; & les Officiers de la Chambre des Comptes de Normandie, Défendeurs d'autre part, sans que les qualitez puissent nuire, ni prejudicier aux Parties. Vû au Conseil du Roy l'instance d'entre lesdites Parties; ladite Requête desdits Présidens & Tresoriers Generaux de France, aux Bureaux des Finances, & Chambres du Domaine des Generalitez de Normandie, inserée audit Arrêt du 12 dudit mois de Juillet 1695, tendante à ce que pour les causes y contenues il plût à Sa Majesté, sans s'arrêter à l'Arrêt du Conseil du & aux Lettres Patentes du 5 Octobre 1694, obtenues par lesdits Officiers de ladite Chambre, qui seront cassées & annullées, les maintenir & garder dans toutes les fonctions, compétences, & Jurisdictions, qui leur sont attribuées par leur institution, & confirmées par les Edits, Ordonnances, & Réglemens, &c. Requête presentée au Conseil par les Officiers de S. M. en son Parlement de Rouen le 23 Fevrier dernier 1697, aux fins d'être reçûs Parties intervenantes en ladite instance, & opposans ausdits Arrêts, & Lettres Patentes y mentionnées, en ce qui regarde la jurisdiction contentieuse; & faisant droit sur leur intervention & opposition, faire défenses à ladite Chambre des Comptes de prendre connoissance des blâmes d'Aveux, des oppositions à la vérification d'iceux, & de toutes autres matieres contentieuses, lesquelles seront jugées en premiere instance par les juges, qui en doivent connoître, & par appel audit Parlement, &c. Acte signifié de la part desdits Officiers de la Chambre des Comptes du huitiéme dudit mois de May dernier, par lequel ils ont déclaré, qu'ils consentent que toutes les oppositions formées à la verification des aveux, soient jugées par les Juges des lieux, & par appel au Parlement, excepté celles, où Sa Majesté aura seule (sous le nom de son Procureur General en ladite Chambre, ou des Receveurs des Domaines) intêret, qui seront jugées par la Chambre; Requête desdits Officiers dudit Parlement de Rouen du 4 Juin en suivant, par laquelle ils ont demandé acte de la déclaration desdits Officiers de la Chambre des Comptes, portée par le susdit Acte, & de ce qu'en consequence d'icelui, ils consentent aussi (sous le bon plaisir de Sa Majesté) qu'il soit ordonné par l'Arrêt, qui interviendra, que toutes les oppositions formées à la vérification des Aveux soient jugées par les Juges des lieux, & par appel au Parlement; excepté celles, où le Roy seul, sous le nom de son Procureur General en ladite Chambre, ou des Receveurs du Domaine, aura interêt, qui seront jugées par ladite Chambre; au moyen dequoi ils desistent de leur intervention, &c. LE ROY en son Conseil, faisant droit sur le tout, a Ordonné, & Ordonne que l'Arrest du Conseil du 14 Septembre 1694, & Lettres Patentes de Sa Majesté du 5 Octobre suivant, seront éxécutées; Ce faisant, sans s'arrêter à la Requête desdits Tresoriers de France, inserée en l'Arrest du Conseil du 12 de Juillet 1695, a maintenu & gardé, maintient & garde lesdits Officiers de la Chambre des Comptes de Rouen dans le droit & possession de recevoir seuls les Foi & Hommages, Aveux & Dénombremens des Vassaux possedans Fiefs dans la Province de Normandie, mouvans de Sa Majesté, faire les saisies pour devoirs non faits, & droits non payez, donner souffrance & main-levée, & lesdits Baillifs & leurs Lieutenans Généraux de ladite Province, en la possession de faire les publications desdits Aveux & Dénombremens, & autres procedures en consequence, le tout ainsi que les Officiers de la Chambre des

Nota. Les consentemens du Parlement, & de la Chambre des Comptes de

des Comptes, Baillifs, & leurs Lieutenans ont fait respectivement chacun à leur égard par le passé. Fait Sa Majesté défenses ausdits Tresoriers de France de les y troubler, ni de s'immiscer en la reception desdites Foy & Hommages, Aveux & Dénombremens, & autres Actes en dépendans. Et ayant égard à l'intervention & demande des Officiers de Sa Majesté audit Parlement de Rouen, porté par leurs Requêtes des 23 Fevrier 1697, & 18 Mars suivant, en consequence du consentement desdits Officiers de la Chambre des Comptes, porté par l'Acte signifié le 8 May audit an; ordonne Sa Majesté, que toutes les oppositions, formees à la verification des Aveux, seront jugées par les Baillifs, & leurs Lieutenans, & par appel audit Parlement; *à l'exception neanmoins de celles, où Sa Majesté seule, sous le nom de son Procureur General en ladite Chambre, ou des Receveurs des Domaines, aura interèt, qui seront jugées par ladite Chambre.* Et sur le surplus des autres demandes, fins, & conclusions, respectivement faites, les Parties hors de cour, dépens entr'elles compensez. Fait au Conseil d'Etat du Roy, tenû à Versailles, le 3 de Septembre 1697. Collationné, *signé*, RANCHIN.

OBSERVATIONS.

Cet Arrèt ne sçauroit ètre tiré à conséquence pour les autres Chambres des Comptes du Royaume.

La raison est, que c'est moins un Jugement, qu'une transaction passée entre le Parlement, & la Chambre des Comptes de Normandie.

Pour en ètre persuadé, il n'y a qu'à lire les consentemens des deux Compagnies, en date des 8 May, & *4 Juin 1697, qui sont inserez dans l'Arrest même, & le dispositif de l'Arrest, qui prononce en conséquence du consentement des Parties.*

Le motif de cet accommodement est de notorieté publique en Normandie. Le Parlement, & la Chambre des Comptes y étoient en differend depuis 1627, au sujet de leurs Rangs & Séances dans les Assemblées publiques, & particulières. Cette contestation s'étoit renouvellée en 1696. Comme il y avoit alors une Instance pendante au Conseil entre la Chambre des Comptes de Rouen, & les Tresoriers de France, le Parlement jugea à propos d'y intervenir, pour empècher qu'aucune Jurisdiction contentieuse ne fût attribuée à la Chambre des Comptes. Dans cette situatioin les Officiers de la Chambre, qui craignirent l'évènement de cette intervention, rechercherent d'accommodement ceux du Parlement, & offrirent de se relâcher d'une partie de leurs prétentions sur les Rangs, si le Parlement cédoit quelque chose de sa part sur l'Article de la Jurisdiction. Cela fut accepté. Les deux Compagnies rendirent en conséquence des Arrests les 17, & 20 Avril 1697, & convinrent, que moyennant cet accord le Parlement se départiroit de son intervention, comme il le fit en effet.

Dira-t'on, qu'un Arrest rendu dans ces circonstances, puisse ètre regardé, comme s'il étoit donné sur une contestation sérieuse? C'est ce qu'aucune personne de bon sens ne sçauroit penser. En ces sortes d'occasions chacun se relâche de quelque chose sur ses droits, & l'on ne peut douter, que le Parlement de Rouen n'ait cédé du sien, en consentant, que les oppositions aux réceptions des Aveux, où le Roy seul auroit interest, seroient jugées par la Chambre des Comptes. Car que Sa Majesté y soit seule interessée, ou non, l'affaire n'en est pas moins Domaniale, & par conséquent n'en est pas moins interdite aux Chambres des Comptes.

Malgré cela le même Arrest ne laisse pas de condamner la prétention de la Chambre des Comptes de Dijon, au sujet des Combats de Fief. Car un pareil Combat suppose une contestation pour la Mouvance entre le Roy, & un autre Seigneur. Ce n'est donc pas le cas d'un procès, où Sa Majesté seule a interest. Ainsi la Chambre a le malheur de trouver toujours sa condamnation dans ses propres Pièces.

VI.

ARREST DU CONSEIL D'ETAT DU ROY du 27 Mars 1683.

Rendu contradictoirement entre le Parlement, & la Chambre des Comptes de Bretagne, au sujet des saisies féodales, & qui ordonne que les appellations des saisies, faites à la Requête du Procureur Général de la Chambre des Comptes, seront portées au Parlement.

VEU par le Roy, étant en son Conseil, les Arrêts rendus, le premier par la Chambre des Comptes le 19 Decembre 1682, & le second par le Parlement le 20 Janvier 1683, & les remontrances des Procureurs Generaux desdites Compagnies, &c. oui le Raport du sieur Colbert, Conseiller ordinaire au Conseil Royal, Controlleur General des Finances.

I.

Le Roy, étant en son Conseil, faisant droit sur le tout, sans s'arrêter aux Arrêts rendus par ladite Cour de Parlement & la Chambre des Comptes, a ordonné & ordonne, que la saisie des fiefs, mouvans de Sa Majesté en ladite Province, à faute de foy & hommages, seront faits à la Requête de son Procureur Général en la Chambre des Comptes; & pour la perception des fruits saisis, seront établis bons & solvables Commissaires & abienneurs.

II.

Seront aussi faites à la Requête de son Procureur Général, les saisies des fiefs, faute de Dénombrement baillé, avec pareil établissement de Commissaires.

III.

Sera procedé aux baux judiciaires des fiefs saisis en l'un & l'autre cas, à la poursuite & diligence du Fermier des Domaines, pardevant les Juges ordinaires; si mieux n'aime le Fermier consentir la conversion des baux conventionnels en baux judiciaires; le prix desquels baux, dans les cas, ausquels la saisie féodale emporte la perte des fruits, sera payé audit Fermier du Domaine, qui en comptera en ladite Chambre des Comptes à la fin de son bail.

IV.

Sa Majesté défend à tous ses Sujets de se pourvoir contre les saisies féodales, faites à la Requête de son Procureur Général en la Chambre des Comptes, autrement que par opposition en ladite Chambre, *ou par appel au Parlement*, sans qu'aucunes oppositions ausdites saisies puissent être reçues, ni demandes faites, afin de main-levée dans les Justices & Barres Royales.

V.

Et à l'égard des autres contestations, qui peuvent naître à l'occasion desdites saisies, entre les Parties saisies, Fermiers du Domaine, conventionnels, ou judiciaires, Commissaires, & abienneurs établis, soit entr'eux, ou avec d'autres personnes, elles seront jugées en premiere instance par les Juges ordinaires, & par appel audit Parlement. Fait Sa Majesté défenses à ladite Chambre des Comptes, d'en prendre connoissance, à peine de nullité. Fait au Conseil d'Etat du Roy, Sa Majesté y étant, tenu à Versailles le 27 jour de Mars 1683, *signé*, COLBERT.

OBSERVATIONS.

On ne voit pas ce que la Chambre des Comptes de Dijon peut répondre à une Décision aussi authentique, & aussi nouvelle, que l'est celle de cet Arrêt.

Car il juge précisement, que l'appel des saisies féodales, faites à la Requête des Procureurs Généraux des Chambres des Comptes, doit être porté aux Parlemens. D'où il s'ensuit nécessairement, que les contestations formées à l'occasion des Reprises de fief, n'apartiennent point à ces mêmes Chambres, quoi qu'en dise celle de Dijon. Aussi cela fut-il décidé par le dernier Chef de cet Arrêt. Ce seroit abuser de la patience des Lecteurs, que de s'y arrester davantage.

VII.

AUTRE ARREST DU CONSEIL D'ETAT DU ROY du 21 Octobre 1692.

Qui confirme le précédent.

LE Roy s'étant fait representer en son Conseil l'Arrêt rendu en icelui, le 27 Mars 1683, par lequel Sa Majesté auroit ordonné, que les saisies féodales des Terres & Fiefs de Bretagne, mouvans Sa Majesté, faute de Foy & Hommages faits, Aveus & Dénombremens rendus, seroient faites à la Requête du Procureur Général de la Chambre des Comptes de Nantes; & il a été fait défenses aux Vassaux de Sa Majesté de se pourvoir contre les saisies féodales, faites de leurs Fiefs, à la Requête du Procureur Général de la Chambre des Comptes de Nantes, autrement que par opposition en ladite Chambre, *ou par appel au Parlement de Rennes*, & Sa Majesté étant informée, que les saisies faites faute d'Aveus & Dénombremens rendus, n'emportant point perte de fruits en cette Province, les Vassaux de Sa Majesté se pourvoient en consequence dudit Arrêt par appel audit Parlement, & ont interêt de ne point poursuivre leur appel; particuliérement lorsqu'ils ont usurpé quelque chose sur le Domaine de Sa Majesté; & d'ailleurs ledit Procureur Général ne veut pas poursuivre lesdits apels au Parlement. En sorte que les Vassaux, surtout ceux, qui possedent des Terres considerables en ladite Province, ne rendent presque point leurs Aveux. A quoi Sa Majesté ayant interêt, que lesdits appels soient poursuivis, afin de faire reunir à son Domaine, les parts & portions, qui en auront été usurpées par des Vassaux; Oui le rapport du sieur Phelypeaux de Pontchartrain, Conseiller ordinaire au Conseil Royal, Controlleur Général des Finances, Sa Majesté, étant en son Conseil, à ordonné & ordonne, que les appels, qui ont été ci-devant, ou seront ci-aprés interjettez audit Parlement de Rennes, des saisies féodales des Terres & Fiefs mouvans de Sa Majesté, à cause de ses Domaines, faites à sa Requête de son Procureur Général de ladite Chambre des Comptes, faute d'Aveus & Dénombremens rendus, seront poursuivis & jugez à la diligence du Procureur Général audit Parlement, & à la poursuite du Controlleur Général des Domaines de ladite Province, que Sa Majsté a commis à cet effet par le present Arrêt, lequel sera executé, nonobstant oppositions ou empêchemens quelconques, dont si aucunes interviennent, Sa Majesté s'est reservé la connoissance, & icelle interdit à toutes ses Cours & autres Juges. Fait au Conseil d'Etat du Roy, Sa Majesté y étant, tenu à Fontainebleau le 21 Octobre 1692. *signé*, COLBERT.

OBSERVATIONS.

Voici encore dequoi détromper la Chambre des Comptes de Dijon de la fausse idée, qu'elle a prise, qu'on ne pouvoit appeller au Parlement des saisies féodales, faites de son autorité. Cet Arrêt, qui doit lui ouvrir les yeux, est d'autant plus digne d'attention, qu'il a été rendu malgré les plaintes, qu'on avoit faites au Roy, que ces sortes d'appellations n'étoient propres, qu'à favoriser les délais, qu'apportoient les Vassaux de S. M. à satisfaire aux devoirs de Fief.

Il doit de plus achever de convaincre la Chambre, de ce qu'on a avancé en plusieurs endroits de cet Ecrit, que ce ne sont point les Déclarations de 1460, & de 1464, qu'elle a citées, qui doivent lui servir de regle; mais celle de 1461, & le Réglement de 1519, qui ont été imprimez ci-dessus. Car c'est sur leur décision précise, qu'ont été formées celles Pag. 4. & *de cet Arrêt, & du précedent au sujet de l'appel des main-mises féodales; puisqu'elles y sont entiérement conformes. On ne pouvoit mieux finir ce Recueil, que par des Piéces, lesquelles ne laissent plus aucun doute au procès, qui dure depuis si long-tems entre le Parlement, & la Chambre des Comptes.*

ADDITIONS.

ARREST DU CONSEIL D'ETAT DU ROY du 20 Juin 1659.

Portant confirmation d'un autre, du 7 dudit mois, par lequel il avoit été ordonné, que sur l'opposition à une saisie, faite de l'autorité de la Chambre des Comptes de Paris, les Parties procéderoient à la Chambre de l'Edit du Parlement de ladite Ville.

SUR ce qui a été representé au Roy, étant en son Conseil, par son Procureur Général en la Chambre des Comptes, qu'en vertu des Arrêts de ladite Chambre des 7 & 17 Juin 1658, & autres donnez en consequence, saisie & éxécution auroit été faite des meubles, prétendus appartenir à la Veuve de feu Me Ogier de Marsillac, vivant associé en la Ferme Générale des Aydes, dont Me Adrien Montagne étoit Adjudicataire, *pour le payement des Epices dûes pour les comptes de ladite Ferme*, lesquels meubles auroient été enlevez par Sauvage Bruslon, & autres Huissiers de ladite Chambre, & iceux deposez en la maison de Me Claude de Fleur, logé en la Cour de ladite Chambre, & aux fins d'y être conservez, jusqu'à ce qu'il eût été fait droit sur les oppositions, & empêchemens de ladite Veuve Marsillac, & Me Guillaume Menant son frere, lequel auroit prétendu iceux meubles lui appartenir, & en avoir aidé à ladite veuve pour son usage. Cependant sous prétexte que quelques differends particuliers, concernant les dettes contractées par quelques-uns des interessez au même Bail des Aides, fait audit défunt Marsillac, avoient été renvoyez à la Chambre de l'Edit, par la Chambre du Conseil, ladite veuve Marsillac, après avoir reconnû volontairement la juridiction de la Chambre, s'étoit avisée de s'adresser à ladite Chambre de l'Edit, *& d'y vouloir porter la connoissance de l'opposition par elle formée à la saisie, & éxécution sur elle faite des meubles en question, & de l'Ordonnance de ladite Chambre des Comptes*; & pour cet effet ladite Veuve y ayant presenté sa Requête, & pour proceder aux fins d'icelle, fait assigner en ladite Chambre de l'Edit ledit Me Claude de Fleur, elle y auroit par défaut obtenu quelques Arrêts contre lui, nonobstant que ledit de Fleur ait été dechargé par Arrêt de ladite Chambre desdites assignations; étant certain que pour ce qui peut avoir été fait par ledit de Fleur au fait de sa Charge, il ne peut être traduit, ni en répondre ailleurs, qu'en ladite Chambre des Comptes. Cependant cette contestation diversement traitée, tant en la Chambre des Comptes, sur la poursuite du Suppliant, qui prétend que ladite Marsillac est commune, & tenue au moyen de ce à l'égard du Roy, des dettes de son défunt mari, & en consequence la rendre responsable, à la décharge dudit Seigneur, des épices dûes à la Chambre pour les susdits comptes de la Ferme des Aydes, & autres parties, dont la succession de son défunt mari est chargée. Et d'autre part ladite Veuve ayant continué ses poursuites à la Chambre de l'Edit, cela auroit produit une espece de conflit, *lequel ayant été porté au Conseil, ladite Veuve Marsillac y auroit obtenu un Arrêt le septiéme jour du present mois, portant que ladite Veuve de Marsillac procedera en la Chambre de l'Edit du Parlement de Paris suivant les derniers erremens*, ainsi qu'elle auroit pû faire avant les Arrêts diversement donnez, tant en ladite Cour de Parlement, que Chambre des Comptes, sur la contestation de jurisdiction des deux Compagnies.

Compagnies. Et quoique cet Arrêt ne regarde, que le different des particuliers; & que ledit de Fleur ne soit point compris & denommé dans iceux, ni Partie en ce different, ladite Veuve lui auroit néanmoins fait signifier ledit Arrêt, & même depuis donné Requête à ladite Chambre de l'Edit, pour y faire retenir la cause avec lui. Et d'autant que ladite Chambre des Comptes a interêt d'empêcher, que ledit de Fleur, Officier d'icelle, lequel n'est point Partie de ladite Veuve de Marsillac, soit néanmoins traduit par elle en ladite Chambre de l'Edit, pour y porter indirectement la connoissance du fait de ladite Chambre des Comptes, lequel n'y avoit point été renvoyé par ledit Arrêt, & ayant requis Sa Majesté d'y pourvoir, & Sadite Majesté s'étant fait pour cet effet representer le susdit Arrêt & autres Pieces justificatives concernant ce fait.

LE ROY, étant en son Conseil, interpretant ledit Arrest du 7 de ce mois, *a renvoyé & renvoye en ladite Chambre de l'Edit l'action intentée contre ladite veuve Marsillac par les Creanciers de la succession de son défunt mari, pour la juger commune, & tenue, & chargée des dettes de sa succession*, & sa défense contre icelle, *& tous autres differends, nez & à naître pour raison de ce*, circonstances & dépendances, pour y être fait droit entre les Parties, & le Procureur Général de Sa Majesté audit Parlement de Paris, préalablement ouies ses Conclusions, pour y conserver l'interest de Sa Majesté, ainsi que de raison. Et cependant ordonne, que par provision, & sans préjudice du droit des Parties au principal, lesdits meubles contenus au Procès verbal desdits Huissiers de la Chambre, seront rendus & délivrez à ladite veuve Marsillac, à sa caution juratoire, pour les representer, comme dépositaire des biens de Justice, s'ils ne sont détenus pour autre cause, & sans dépens, dommages, & interests de part & d'autre, & dont ce faisant ledit de Fleur & Huissiers en demeureront bien & valablement déchargez. Fait au Conseil d'Etat du Roy, Sa Majesté y étant, tenu à Paris le 20 Juin 1659. *Signé*, PHELYPEAUX.

OBSERVATIONS.

Voici une nouvelle preuve, que les Chambres des Comptes n'ont pas l'éxécution de leurs Arrests; non pas même de ceux, qu'elles ont rendus en fait de ligne de compte, ni des éxécutoires par elles décernez, pour le payement de leurs épices.

La Chambre des Comptes de Paris ayant donné un pareil éxécutoire contre la veuve de Me Ogier de Marsillac, Associé à la Ferme des Aydes, pour le payement des épices du compte de l'Adjudicataire de cette Ferme, elle forma opposition à la saisie, qui avoit été faite de ses meubles en conséquence, & la porta à la Chambre de l'Edit, où elle la fit recevoir par Arrêt, & y fit assigner Me Claude de Fleur, commis à la garde de ses meubles saisis.

Cela ayant formé un conflit entre le Parlement, & la Chambre des Comptes, laquelle avoit déchargé le Gardien de cette assignation, il y eut un premier Arrêt, donné au Conseil le 7 Juin 1659, portant que la veuve Marsillac procéderoit en la Chambre de l'Edit du Parlement sur cette opposition, suivant les derniers erremens, ainsi qu'elle auroit pû faire avant les Arrêts diversemens donnez tant au Parlement, qu'en la Chambre des Comptes sur le conflit de jurisdiction entre les deux Compagnies.

Le Procureur General de la Chambre fit sur cela une nouvelle tentative au Conseil. Mais malgré ses remontrances, l'Arrêt du 7 Juin fut confirmé pour ce regard par un autre du 20 du même mois. Ainsi voilà un Réglement solemnel, qui doit servir de Loy pour tous les cas semblables, & qui aura son application dans le procès, qui est pendant entre le Parlement, & la Chambre des Comptes de Bourgogne.

TABLE
DES ACTES IMPRIMEZ AU PRESENT RECUEIL.

EDITS, DECLARATIONS, ET ARRESTS, CONCERNANS la Jurisdiction, & Compétence de la Chambre des Comptes de Paris.

EDITS, DECLARATIONS, ET ARRESTS, concernans la Jurisdiction, & Compétence de la Chambre des Comptes de Dijon.

EDITS, DÉCLARATIONS, ET ARRESTS, concernans la Jurisdiction, & Compétence des autres Chambres des Comptes du Royaume.

ADDITIONS.

www.ingramcontent.com/pod-product-compliance
Ingram Content Group UK Ltd.
Pitfield, Milton Keynes, MK11 3LW, UK
UKHW021117260726
13994UKWH00002B/919

9 782329 344867